天下文化

BELIEVE IN READING

為什麼對方總是聽不懂？

認知科學為你揭曉溝通的本質與解決方案

今井睦美（Mutsumi Imai）著
卓惠娟 譯

「何回説明しても伝わらない」はなぜ起こるのか？

認知科学が教える
コミュニケーションの
本質と解決策

目錄

第三章——如何將認知科學應用於職場和日常生活？

終章——溝通讓你成爲眞正的職場高手

前言

根基於認知科學的溝通本質與解決方案

我們應該都有過這樣的經驗：無法精準傳達我們真正想說的話。

無論你說多少遍，對方依然掌握不到重點。

沒有依照指示完成交辦事項。

沒有遵守約定的交期。

對方誤解了你的意思，導致進度大幅落後。

都解釋到口乾舌燥了，下屬或孩子卻仍一臉茫然。

對方忘記了重要承諾，以致搞砸工作或引發爭吵。

不論是在職場、家庭還是學校，類似上述的溝通困擾總是層出不窮。因此，**本書將從認知科學與心理學的角度出發，深入探討我們在溝通過程中所面臨的問題，剖析其本質並提出解決之道**。

無論是對認知科學與心理學感興趣的讀者，抑或期望在工作中與主管、部屬、同事以及客戶建立更順暢合作關係的商務人士；每天面對學童，想要精進教學方法的教師；渴望與伴侶、孩子、親友或鄰居相處更融洽的人；曾經閱讀「表達方法」、「說話藝術」、「解說技巧」等相關書籍，卻未能收到預期效果的讀者，本書將從全新的視角與思維，提供大家實際有效的溝通方法。

關鍵不在於「表達」，而是「解讀」

為什麼從認知科學與心理學的觀點出發，能夠幫助我們理解溝通等日常行為？這是因為我們所謂的「溝通」，其實是奠基於形形色色的認知能力（理解話語、掌握脈絡、記憶、回想以及想像等）之上。

此外，溝通還依賴於認知中的「基模」（Schema）（見三三頁）。「基模」是一種內在的框架或模式，我們每個人腦中都有一些「理所當然」的想法，而這些「理所當然」的內容因人而異。

由此可知，我在前文中提到「無法精準傳達我們真正想說的話」的困境，**正是因為無法克服彼此「理所當然」的差異，或者是認知能力未能有效發揮作用的緣故。**

就像那些過去相信天動說（認為地球是宇宙中心，日月星辰環繞地球運行）的人，即使你說得口沫橫飛，也很難讓他們理解「其實是地球在自轉」的事實。關鍵不在於說話者的「表達方式」，而是接收者「如何解讀」。

基於這些問題的本質，本書提出的解決之道並非僅僅著重於「改進表達方式」、「換個說法」或「不厭其煩解釋到對方聽懂為止」。要實現「良好溝通」不可或缺的前提是：**必須了解到「人們為什麼會漏聽訊息？為什麼會曲解、誤解甚至遺忘訊息？」**同時也需要思考，**應該如何將訊息精準傳達給具有這類特徵的人**。

本書除了分享上述的觀點，還透過訪談溝通專家，整理出一系列能立即實踐的具體解決方案。

我深切期盼這本書能為苦於「再怎麼費心解釋，對方都聽不懂」的人，以及希望提升溝通能力，在職場上取得成功的人士，帶來實質的幫助與啟發。

第一章——「說了就懂」只是人類的「妄想」？

「人與人之間，只要溝通就能相互理解嗎？」

許多人認為「只要說清楚，自然就會懂」是「理所當然」的事。

當你遇到一件自己感興趣卻不熟悉的事情時，通常會想找一個熟悉這件事的人為你「解惑」。但如果聽完對方的說明後依然滿頭霧水，肯定會更渴望進一步了解。

同樣地，當我們與人發生衝突時，想邀請對方「坐下來好好談一談，解決問題」也是人之常情。許多人深信，「只要將整件事說清楚講明白，對方一定能理解。人與人之間必定能透過溝通相互理解。」比如當你的部屬，尤其是新人，無法理解你下達的指令時，你是否也會想：「只要我說得更簡單明瞭，他們應該就聽得懂？」

然而，這種想法在現實生活中卻常常遭遇挑戰。

舉例來說，當溝通的雙方使用不同語言時，只會說日語的人與只會說英語或其他語言的人，彼此之間能相互理解到什麼程度？恐怕多數人都會對此打上問號。即便雙方都說日語，如果一方的鄉音特別重，就可能發生難以理解的狀況。

世代差距也可能造成類似的情形。例如，中高齡者聽不懂年輕人最新流行語的窘境，在媒體報導中屢見不鮮。我有時和學生交談，甚至會發現原本熟悉的詞彙，如今卻反而搞不清楚意思了。

此外，涉及高度專業知識的話題，或是事實關係錯綜複雜，無論對方如何鉅細靡遺地解釋，仍可能讓人感到一頭霧水。

暢？

回顧不同場景，無論是與職場中同辦公室的主管、部屬、同事的互動，抑或是與客戶、家人、親友的日常對話，這些溝通情境是否真如我們所期待的那樣順暢？

基本上，正是因為我們認為「說了就懂」，或者至少深信「透過溝通能夠加深理解」，這才導致了我在開頭所提到的那些情況，不是嗎？

例如，日本企業普遍會教育新進員工「報告、聯絡、諮詢」的重要性，但這背後的假設，不也是基於我們相信「說了對方就會懂」？

近年來，以「表達技巧」或「換個說法」為主題的書籍在上班族間大受歡迎，我認為這股熱潮的背後，也源於同樣的想法。

然而，事實真是如此嗎？

人與人之間，真的能僅憑語言達成彼此的理解嗎？

我們面臨溝通不良的情況時，問題真的出在說明或表達技巧不足嗎？當我們改善了這些問題，所有的溝通不良就能迎刃而解嗎？

本書希望探討的正是這一點。訊息無法有效傳達，可能不僅僅是因為說話方式或說明不夠充分。在人際互動中，除了訓練說話技巧及鑽研表達方式之外，是否還有其他更值得我們進一步思考的因素？如果答案是肯定的，那麼我們究竟應該思考什麼？

或許，我們都對「透過語言溝通」的效果太過自信了。

在電子郵件、線上聊天、社群媒體等平臺日益進步，形形色色的人際互動工具日新月異，甚至可以與ＡＩ互動的現代社會中，也許我們更需要重新審視，「溝通」究竟是什麼？

日常生活中太多「訊息傳不出去」

我平時主要以兒童為研究對象，經常目睹「說了也不懂」的場景。例如在小學課堂上，老師往往竭盡心力準備，試圖以淺顯易懂的方式進行教學。然而，實際情況是，一個班級裡通常只有半數的孩子能正確理解內容。其餘的孩子雖然也上了課，卻依然一知半解。

這讓許多老師感到苦惱，「已經說得這麼簡單了，為什麼孩子還是不懂呢？」

這種情況不僅限於學童身上。

想像一下，有一天，你向主管進行日常工作報告。這並不是因為你工作上出了問題，也不是緊急任務，只是例行性的說明，而你自認為已經恰如其分地正確表達。

然而，後來你不經意地聽見主管和別人談起你的報告，發現內容與你原先的說明有些出入。某件只是偶然發生的小事，卻被主管描述成某人的疏失。你無法視若無睹，打算重新向主管說明，但主管卻回應：「不用了，這件事你已經提過了。」

類似這種「真正的想法似乎沒有確實傳達給對方」的情況，有時原本只是閒話家常，卻因聽者主觀的詮釋或加油添醋，可能演變成「○○批評得很難聽」、「○○似乎很不滿」，從而引發人際關係上的糾紛。

更典型的例子是家人之間的對話。

例如孩子一口咬定：「我不是早就說過，今天一定要準備好○○嗎？」

父母一邊手忙腳亂地準備，一邊反駁：「你又沒說！為什麼不早點講！」

當然，可能是孩子忘記說了，但也不能排除孩子確實曾告訴父母，卻未能將真正的意義傳達給父母。

像這樣的情況，究竟應該歸咎於誰呢？要怪罪說話者表達得不夠清楚，導致對方無法理解嗎？然而，就算解釋得一清二楚，對方就一定能「正確地理解」嗎？

實際上，當A向B傳達某件事時，A腦海中的想法與B所接收到的訊息能完全一致的情況，其實才是少之又少。

這是因為，**人類的大腦並非原封不動地輸入對方所說的內容**。

即使對方表面上看起來似乎理解了，也可能是以他獨特的思維加以詮釋，甚至產生誤解或曲解。當潛意識抗拒某些訊息，例如「我不想聽那些辯解」時，可能會刻意忽略、分心，或者聽了也完全無法理解，甚至表現出「嫌麻煩寧可無

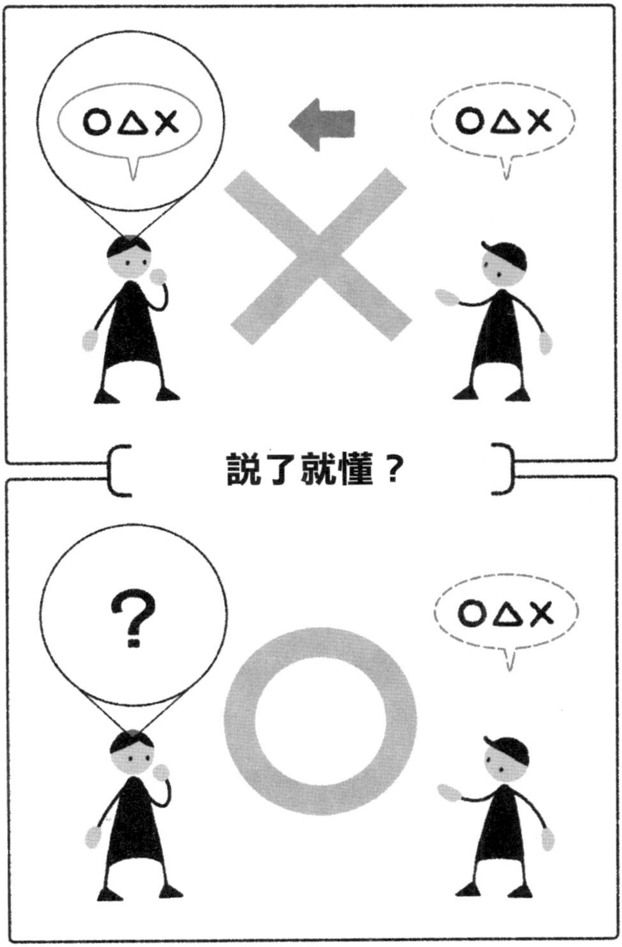

即使看起來「說了就懂」，也不代表對方能將你所說的毫無偏差地輸入腦海

視」的態度。

明明似懂非懂，卻自以為瞭若指掌；或者對應當聽過的事情左耳進右耳出，一轉身就忘得一乾二淨。

二〇二四年一月二日，日本羽田機場發生一起重大飛安事故，相信大家仍記憶猶新。當時，降落機場的日本航空516班機，與正等待起飛的海上保安廳航機JA722A（以下簡稱海保機）因撞擊而起火燃燒，乘坐海保機的五名人員不幸喪生。

這件事故發生不久前，管制塔與海保機錄下一段通話紀錄（實際對話為英語）。

海保機：「TOWER（管制塔），JA722A呼叫。C跑道滑行道入口。（TOWER JA722A C.）」

航管員：「JA722A，東京塔（管制塔）晚安，第一優先順位，請滑行至C5

等待點。（JA722A Tokyo TOWER good evening, No.1, taxi to holding point C5.）」

海保機：「滑行至C5等待點，第一優先順位，JA722A收到，謝謝。（Taxi to holding point C5 JA722A No.1, Thank you.）」

光從通話紀錄來看，雙方確實在「溝通」後取得了「理解」。但實際上，航管員的指示是「在C跑道的5號滑行道入口等待」，海保機卻誤以為可以超過等待點進入跑道。一般認為，原因出在雙方對「第一順位」（No.1）這個詞彙的理解存在差異。航管員表示「第一順位預備起飛」（日航客機降落後，優先起飛），海保機則誤解為「當下優先起飛」，這才跨越停止線，進入跑道。這段通話如實呈現出語言的本質。

語言無法完全精準地呈現說話者的意圖，而是經由接收者的詮釋，透過接收

者的理解，才被賦予意義。因此，說話者所賦予的意義與接收者的解讀之間，往往存在很大的落差。

但麻煩的是，**說話者與接收者難以確知彼此的意圖與解讀是否一致。**

因此，人與人之間的溝通並非簡單地「說了就懂」。事實上，這正是許多認為自己不擅長溝通的人經常忽略的重要「前提」。無論是溝通或人際互動，都無法忽視這個前提。

- **即使窮盡三寸不爛之舌說明，對方也未必能百分之百理解。**
- **即使看到或聽到相同的事物，不同的人也可能有截然不同的解讀。**
- **「聽到」與「理解」完全是兩回事，「聽到卻不理解」的情況屢見不鮮。**

如果忽略了這個前提，溝通不良可能會讓你感到煩躁，因誤解而導致各種錯誤與紛爭的頻率也會增加，甚至可能因此喪失自信。

反過來說，若能意識到這個前提，我們便能從根本上改善溝通問題，對症下藥，而不再只是頭痛醫頭、腳痛醫腳。當你聆聽他人說話時，即使心中浮現「啊，我懂了」、「就是這樣」的念頭，也應該保持警覺，意識到其中可能潛藏的風險。

「說了就懂」究竟意味著什麼？

追根究柢，當我們認定「說了就懂」時，究竟是基於什麼樣的依據來判斷自己「已經懂了」？

我們可以將「理解他人所說的話」，分為以下三個階段：

①說話者腦中形成一個想法
②說話者透過語言將這個想法傳達給聽者
③聽者接收並試圖理解這個想法

在這三個階段中，最大的問題在於，彼此既無法確知對方腦海中的想法，也無法百分之百共享。

這並非單純因為「我們無法透過語言，將一切資訊毫無遺漏地傳達」。**而是由於說話者與聽者之間的「知識結構」不同，「思考模式」也不同，就算所有資訊滴水不漏地傳達給對方，我們仍然無法共享彼此大腦的思維。**

舉例來說，每個人聽到「貓」這個詞彙，引發的聯想可能大不相同。有些人會想到「家中飼養的貓咪」；有些人腦海浮現的可能是卡通角色如「Hello Kitty」或「湯姆貓與傑利鼠」。曾經被貓抓傷的人，也許認為貓很「凶殘」；但也有人覺得貓就像娃娃般「惹人憐愛」。有人提到貓時直覺的感受是「軟綿綿的」；但也有人聯想到「骯髒的」。

沒錯，由於我們每個人都有各自獨特的「知識結構」與「思考模式」，因此

「 貓 」

同一個詞彙所產生的意象也因人而異

即使只是聽到「貓」這樣的名詞，我們潛意識中依然可能浮現出南轅北轍的想法與感受。

然而，我們很難與他人共享這些在腦海中描繪的意念。即使我們明知身邊的人對同一事物抱著完全不同的想法，也難以具體地詢問或理解那是什麼樣的意象。

我們的思考中，存在未經由意識的「框架（基模）」

如果人與人之間的「知識與思考框架」完全相同，或許就能輕而易舉地理解彼此的談話內容。然而，在現實生活中，這樣的狀況極為少見。

這是因為每個人的學習歷程、成長環境各不相同，即使在完全相同的環境下成長，也會因興趣與嗜好的差異，形成截然不同的「框架」。

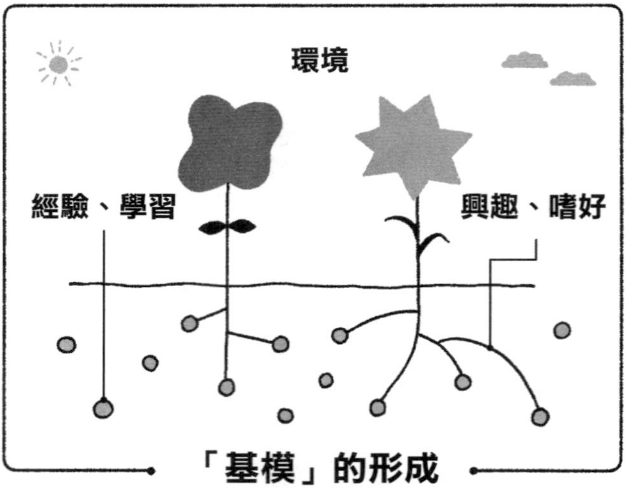
環境
經驗、學習
興趣、嗜好
「基模」的形成

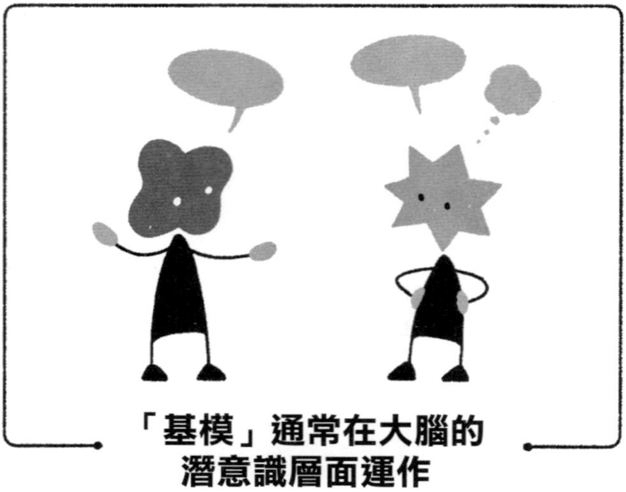
「基模」通常在大腦的
潛意識層面運作

「思考框架（基模）」因人而異

認知心理學將這種框架稱為**「基模」**（Schema）。基模在我們理解他人的話語或思考某件事時，扮演著幕後運作的基本「系統」角色。值得注意的是，基模大多在大腦的潛意識層面運作，而非表面可見。

以外語為例來說明思考的基模，其實非常容易理解。因為某個單字的意義，在不同語言體系中幾乎不可能完全相同。

不同語言的體系本身就存在差異，外語學習者往往只能依靠平時慣用的語言（即母語，例如對日本人而言就是日語）來理解新的語言。

以日本人學習英語的情況為例，多數人在學習英語時，會將單字以對應的日文字義來記憶。例如「wear＝穿（着る）」。

然而，實際上，「wear」這個英文單字並非完全等於日語的「穿（衣服）」。在

英語中，「wear」可以用於褲子、圍巾、手套、眼鏡、化妝等情境；但在日語中，這些情境則分別使用「套（履く）」、「圍、繫（巻く）」、「戴（つける、かける）」、「做、進行（する）」等不同動詞來表達。

由於不同語言中的詞彙範圍存在差異，也就格外凸顯了基模的差異。而基模差異，正是外語學習者感到困難的主要原因之一。

事實上，根據我過去的一項調查，以日本國立大學的學生為對象，詢問他們是否可以使用「wear」這個單字來描述褲子、圍巾、手套、眼鏡和化妝，並要求他們以「○或×」作答。結果顯示，對於那些在日語中也使用「穿（着る）」來表達的項目，多數學生選擇「○」，但對於須使用其他動詞表達的項目，多數學生則選擇「×」。

事實上，「wear」與「穿（着る）」的涵蓋範圍並不相同，但學生並未意識到其中的差異。

然而，我們不能因此斷定日語的「穿（着る）」比英語的「wear」使用範圍更狹窄。因為在某些情況下，可以使用「穿（着る）」來表達的內容，卻無法使用「wear」。

例如在英語中，「wear」用於表示穿著的狀態，而描述穿著的動作（穿上）則須使用「put on」。同樣是「穿」，但狀態與動作在英語中分別使用不同的動詞。如果生活在英語圈，就連年幼的孩子，也能輕易區分這兩者的差異。

因此，當你面對一個赤身裸體的人，並希望他立刻穿上衣服遮蔽身體時，你應該要說「Put on your clothes!」，而不是「Wear your clothes!」。另一方面，日語中表達「立刻穿上衣服（今すぐ服を着なさい！）」時，是用「穿（着る）」來傳達「put on」的意思；而要描述「他所穿著的衣服（あの人が着ている服）」

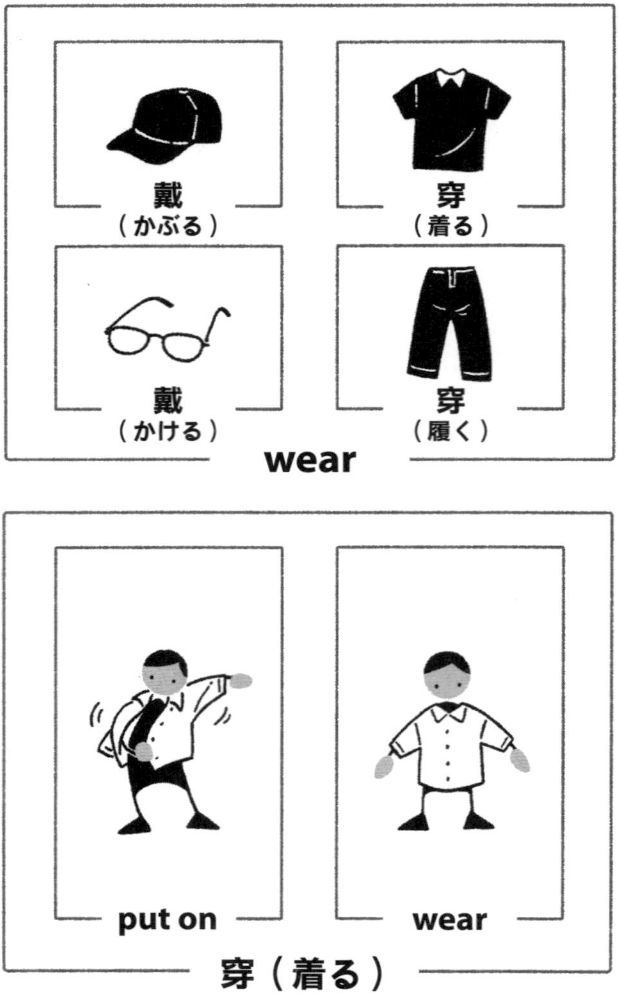

「穿（着る）」和「wear」的使用範圍其實並不相同

時，也是用「穿（着る）」來表現「wear」的意思。

就像這樣，我們往往不自覺地以母語的基模來思考事物。因此，在學習外語時，如果沒有意識到這些基模的差異，就難以自然地運用所學的外語。例如，**以查英日字典的方式逐字翻譯日文句子，就無法寫出自然而流暢的英文**。順帶一提，關於學習外語時如何克服基模差異的方法，可參考拙著《英語獨學法》（英語独習法，岩波新書）。

「我懂了」的感受，未必全然正確

雖然這裡以外語學習為例，但其實我們對所有事物的理解都受到認知基模的影響，並且常將其視為理所當然。當某人宣稱「我懂了，我理解了」，最終只是在表達「某人的基模」罷了。

你所表達的內容能否如願被對方理解，實際上主要取決於一些「你無法掌控的因素」。因為對方能否真正「理解」，很大程度上與他本身的基模有關。

這也就是為何我說「說了也不懂，不見得是因為你的表達技巧不佳」、「溝通不良，也未必是溝通方法有問題」。

因此，即使對方表現出「我懂了！」的態度，也不能全然盡信。這是因為，對方的理解未必如同你的預期，對方很可能只是根據自己的基模進行了獨立的詮釋。

反過來說，當你認為「我懂了！」的時候，也需要格外留意：你的理解是否真的符合對方想要傳達的意思？

每個人都擁有由自身知識框架所形成的基模，換句話說，那是一種「個人的獨特視角」。透過這些基模，我們就像戴上了一副「濾鏡」，得以用自己的方式去解讀別人所說的話。從這個角度來看，我們也可以將基模視為一種「成見」。

讓對方理解我們的話語，形同在挑戰對方的成見。而要能正確地理解對方的話語，同樣需要留心自己的成見。其中的難度可想而知。

「說了就懂」的考驗——記憶力的問題

即使很幸運的，對方的基模與你的一致，能夠「完全理解」你試圖傳達的內容。但要實現「說了就懂」的目標，仍須面臨另一道考驗。

假設你去聽一場演講，演講內容讓你深受感動。但過了一年後，甚至僅僅一個月後，你還能記得演講的詳細內容嗎？想必很困難吧？這點我也不例外。即使記得當時「很感動」、「很精采」的感受，但遺憾的是，演講的具體內容往往已不復記憶。

值得慶幸的是，我們還是有方法能防範遺忘，同時有效地記住演講的內容，那就是透過自行將吸收的資訊「重新組織」。我將在本書第一三〇頁詳細說明這個方法。

兒童的學習也是基於同樣的道理。例如，孩子在一兩年前學習了平面圖形知識，等到要學習立體圖形時，可能早就忘了平面圖形的基本概念。這是很正常的現象。

然而，學校老師（即便可能會幫學童稍做複習）往往以「學童都記得」為前提，直接進入立體圖形的教學。即使老師課程準備得再完善，但由於對「人類記憶局限性」認識不足，導致許多孩子在學習過程中容易遭遇挫折。

關鍵在於，我們並未將「人類容易遺忘」的特性納入考量。

說的人記得一清二楚，聽的人忘得一乾二淨

「記得住」或「記不住」，與接觸資訊的方式息息相關。演講者、學校老師等主動提供資訊的人通常記得一清二楚；可被動接收資訊的人卻容易忘得一乾二淨。

或者，有時根據資訊種類的不同，情況可能反過來，說話者早已遺忘，而聽者卻印象深刻。

這主要是因為**資訊的重要性，對說話者與聆聽者往往並不一致**。

以前面的例子來說，學校老師清楚記得所教過的「平面圖形」，因為教師肩負著讓所有學生理解的責任感。對教師而言，平面圖形的重要性「非常高」，因此對教學內容自然記憶猶新。

反過來看，學童中究竟有多少人會在老師教授這個單元之前，就下定決心

「我一定要學會平面圖形」呢？恐怕大多數都是在某一天，突然聽到老師說「我們從今天開始學習平面圖形」，接著在聆聽老師講解三角形、四邊形的過程中，逐漸產生興趣，或者感到乏味吧。

對於初次接觸平面圖形的學童來說，一開始感受到的重要性自然「非常低」。若缺乏強烈的學習動機和應用意識，即使上了課，也難以將這些知識留存在記憶中。對自己而言不重要的事物無法在記憶中停駐，這是再自然不過的事。

相對地，「說的人忘得一乾二淨，聽的人卻記得一清二楚」的情況，最典型的例子莫過於近年來備受關注的各種騷擾行為。

騷擾行為之所以成為問題，正是因為在多數情境下，說話者未必懷有惡意，因此往往連自己曾說過什麼都不記得。

然而，對於接收者來說，若因此感到不愉快或覺得受傷，這些話語就可能在其內心留下深刻的印象，甚至難以抹滅。這也再次凸顯了雙方對資訊的重要程度差異所衍生的落差。

我們平時會透過自身的濾鏡，來觀察這個社會中的事物、知識或資訊。由於我們無法完全消化和吸收所見到的一切，因此潛意識會優先處理那些我們認為必要或感興趣的內容。這也是因為我們的記憶容量有限，並不足以將許多重要性較低的資訊一一記在腦海（關於記憶容量，我會在第一二六頁進一步說明）。

因此，不論老師如何費盡心思地講解，倘若學生的認知基模尚未做好接受的準備，那麼老師所教授的內容便可能左耳進右耳出。同樣地，即使受騷擾者提出申訴，但若加害者一方的基模中缺乏「騷擾」的概念，受害者的申訴很可能會被忽略，甚至反遭指責「想太多」或「自意識[1]過剩」。

即使接收到相同的資訊，因為所感受的重要程度不同，
接收方式或記憶留存的方式也會產生落差

1 編注：通常指對自身存在、身分和情感的認知，涉及個體對自我內心狀態、行為和他人看法的理解。

人類記憶「不可靠」的程度超乎你的想像

更進一步說，即使傳達的資訊「被理解並牢牢記憶」，留在腦中的記憶也未必是「事實」。

人類的記憶超乎我們想像的脆弱。僅僅透過觀察、複誦或抄寫，也很難讓記憶深植腦海。如果沒有刻意用心去觀察、閱讀或聆聽資訊，人們往往容易記下錯誤的內容。

美國加州大學爾灣分校的教授伊莉莎白・洛夫特斯（Elizabeth F. Loftus）曾以實驗證明這個現象，以下為其實驗內容。

實驗地點設在學生日常上課的大學教室。某天，學生如往常般聚集在教室內聆聽洛夫特斯教授講課。這時，一名坐在教室後方的男子突然站起身，一把搶走坐在前排女學生的皮包，隨後迅速衝出教室逃逸。從男子起身到消失在眾人視線中，整個過程發生在短短數秒間。

被搶走皮包的女學生和其他學生完全來不及反應，更別說要奪回皮包或逮住犯人。

「重大突發事件」能留下多少記憶？

洛夫特斯教授趕緊向被搶走皮包，因驚嚇而目瞪口呆的女學生及其他學生詢問情況。

教授：「剛剛發生了什麼事？」

女學生：「我的皮包被搶了。事情發生得太突然，我幾乎什麼也不記得，只記得是個短髮的男生搶走皮包後逃跑。」

接著，教授請坐在女學生旁邊的學生A描述自己的「目擊證詞」，其他學生也陸續分享自己記憶中的印象。

學生A：「是個穿咖啡色短外套的男生。」

學生B：「我記得是紅色短外套。」

學生C：「我記得是棕色短髮，看起來二十多歲的男性。」

學生D：「我也覺得是二十多歲。頭髮好像是灰色，但我無法肯定……」

學生E：「應該是穿黑色牛仔褲、咖啡色短外套的男生。」

對於突發事件的犯人的樣貌特徵，我們的記憶可靠嗎？

學生F：「個子很高，短髮，蓄著鬍子。我對他的臉比全身印象深刻。」

學生A：「這麼一說，我也記得有鬍子。我想起來了，他確實有鬍子。」

學生D：「我記得那男人好像才剛刮過鬍子，並沒有滿臉鬍鬚，只有下巴蓄鬍。」

掌握嫌犯大致樣貌後，教授找來了三名嫌犯。三人身高相近，都穿著牛仔褲和咖啡色短外套，也都留著鬍子。

學生A：「我認為是三號。搶匪留著和三號一樣的鬍子。」

當大家的意見集中在三號時，被搶走皮包的當事人女學生卻說：

「我覺得是二號。」

接著，在大家討論是二號還是三號時，教室又走進一名男子，個子矮小但沒有留鬍子。

女學生見到他便驚呼：「就是他！我想起來了！」

事實證明，先前進入教室的三個留鬍子男性，都不是搶皮包的犯人。而且，真正的犯人根本沒有留鬍子。

「記憶中的嫌犯」和真正的搶匪完全不同？！

「記憶改寫」為何會在任何情境下發生？

所有學生當時只看到了犯人的側臉和背影。然而，當他們開始描述嫌犯的樣貌時，一名學生（在這個實驗中是學生F）信誓旦旦地表示：「犯人有鬍子。」

其實，學生F是洛夫特斯教授安排的「暗樁」，教授事先告知了實驗內容，並委託他做出這樣的證詞。

當暗樁學生提出「犯人有鬍子」的證詞後，學生A（並非暗樁）也立刻附和道：「對，有鬍子。」

這麼一來，全班都產生了「犯人有鬍子」的印象。甚至連被偷皮包的女學生，明明是距離犯人最近、目擊最清楚的人，也受到班上同學影響，開始深信「犯人有鬍子」。

僅僅因為一名暗椿學生植入了「犯人有鬍子」的假訊息，就讓多名學生也說出了相同的錯誤證詞，並根據這些錯誤訊息鎖定嫌犯。換句話說，暗樁學生提出的「犯人有鬍子」的假訊息，成功「纂改了大家的記憶」。

順帶一提，那位最早附和暗樁學生、堅稱「犯人有鬍子」的學生A，在真正的犯人出現後，依然一口咬定「他只是再度進教室前刮掉了鬍子！我記得他（搶皮包後逃走時）確實有鬍子……」

萬一真正的犯人沒有再度現身，那麼，二號和三號的男性很可能會被錯認為「犯人」。

被害人及其他目擊者之所以描述犯人是「有鬍子的高大男性」，是因為他們試圖從符合條件的男性中辨認出犯人。

洛夫特斯教授指出：「記憶就像在一大盆水中滴入一滴牛奶。」牛奶一旦融入水中，就無法再將水與牛奶分離。同樣地，進入腦海的記憶內容也難以區分想像、虛構與事實。

即使並非刻意說謊，記憶仍可能受到他人的言論、自身的願望、情感及認知基模影響，進而創造出你以為的「事實」。

能被輕易操控的記憶

記憶究竟多麼不可靠？洛夫特斯教授除了透過上述實驗，還曾舉出另一個真實案例進一步說明。

一名女性在昏暗的環境中遭到性侵，後來警方逮捕了一名男性嫌犯。受害者提供強而有力的證詞，指控該男子就是性侵者，最終導致男子被定罪。

然而，案件後續的發展令人震驚，真正的犯人落網，證明原先的判決是一場冤獄。

受害者並非故意作偽證，但導致誤判的原因主要是以下兩點：

首先，警方在初期鎖定嫌犯後，為了立案而引導出相關證據。警察在偵查初期就讓被害人觀看嫌犯的照片，並詢問她：「犯人是不是這名男子？」當時被害人並未明確指認該男子。

然而，當警方再次讓她從多張照片中指認犯人時，她卻選出了之前在照片中看過的嫌犯男子，並表示「可能是這個人」。

這是因為，人們即使只是對某件事物感到熟悉，這種熟悉感本身就可能對記憶造成偏誤。由於事前看過嫌犯的照片，她對這張臉孔產生了「似曾相識」的感覺。但她實際上無法分辨這種熟悉感究竟來自於真實的遭遇，或僅僅是來自見過這張照片的印象。更糟糕的是，警方反覆讓她看同一名嫌犯的照片，更加深了她對「就是這個人」的錯誤認知。

另一個導致記憶偏誤的原因，則來自「被害者的視線」。

當我們被捲入突發事件時，我們的視線會集中在「哪裡」？例如，當有人持槍瞄準我們時，我們會緊盯著犯人嗎？還是將目光牢牢鎖定那把指著我們的槍？又或者會注意到其他完全不相關的事物？

事實上，當人們被槍瞄準時，視線往往會被武器本身吸引。由於注意力完全集中在槍枝上，因此幾乎無法記住犯人的長相。

為何「明明是被害人，卻不記得犯人的長相」？

回到先前的性侵案件。當時，犯人持刀脅迫被害女性。許多人可能理所當然地認為，「遭受如此重大的傷害，被害人應該對犯人的長相印象深刻。」然而，實際上受害的女性在極度驚恐下，視線反而緊緊盯著抵在她身上的刀刃。也就是說，被害人可能幾乎沒有注視犯人的臉孔。

這起案件最終證實是一場冤獄。然而，被誤認為犯人的男性在拘留期間，因承受巨大的精神壓力引發心臟病發作，不幸身亡。

這起悲劇深刻揭示了人類記憶的不可靠性，以及其可能造成的嚴重後果。

我們就是無法停止「說謊」?!

隨著相關研究的累積，人們逐漸普遍認識到「記憶並非完美無缺」。

過去，在犯罪調查中，自白或目擊者的證詞往往被視為「決定性證據」，而如今這種看法已有所改變，很大程度得益於心理學研究的貢獻。

人們無法「總是基於事實說話」，因此，自白或目擊證詞「難以保證絕對正確」。即使當事人並無說謊的意圖，記憶依然可能輕易遭到扭曲或竄改。研究證實，人們無法完美無缺地重現自己曾經目睹的事件或經歷。

上述例子主要聚焦於「目擊者」的角度，但事實上，不限於犯罪或事件，日常生活中也普遍存在記憶偏誤的問題。例如，對於「做了還是沒做」的爭執、「事前是否已提醒」的情況，以及「說了還是沒說」的誤解，這些情境同樣顯示出記憶的不可靠性。

雖然我們無法否認確實有人會故意說謊，但**即使沒有說謊的意圖，說話者和**

聆聽者之間所表達和理解的內容也未必完全一致。

反過來說，要是對方刻意懷著欺騙或說謊的惡意，我們反而更容易識破。這是因為這類情況通常會暴露出一些蛛絲馬跡。例如：

「總覺得言行舉止不太對勁。」

「說話沒重點，前後矛盾。」

「和平時感覺不一樣。」

然而，如果對方是在潛意識中記憶遭到纂改，並且對自己的記憶深信不疑，從而發自真心地說出來，那麼要察覺那是謊言（儘管對當事人而言是真相），就絕非易事。

記憶是曖昧而不可靠的……既然如此，「說話大聲就會贏」？

理解「記憶非常不可靠」這一點，其實對我們有很大的幫助。因為，即使對方表達得含糊不清，甚至有時說錯，我們也能更容易接受並原諒，而不至於因此感到過度煩躁。

此外，不過分信賴自己的記憶，能促使我們在許多事情上反覆確認，從而減少失誤。這種態度還能讓我們更坦然地承認錯誤，並願意接受自己犯錯的可能性。

話雖如此，也並非全然都是好事。我就曾經因此而吃了虧。

那是幾年前的事了。某天，我在停車場倒車時，並排的一輛車上的女士突然怒氣沖沖地跑過來指責我撞到她的車。雖然我完全沒有感覺自己撞到了對方，但對方仍堅稱「就是你撞的」，還指著她的車子說：「你看！」

儘管我毫無撞到對方的印象，但她手指之處確實有一條淺淺的刮痕。我心想：「既然對方這麼說，或許真的撞到了……」與其說是相信對方，不如說是因為我對自己「沒撞到」的記憶缺乏自信。畢竟，我比誰都清楚記憶有多不可靠。雖然我同時聯絡了警察，但得到的回應是「請找保險公司解決」，這或許也是事故頻繁發生的原因吧？

後來，我仔細端詳那道刮痕，是一條車漆稍微剝落，隱隱露出白色線條的淺層刮痕。我當時想，「幾萬日圓應該就能解決，與其和對方爭執，不如用保險支付。」於是選擇讓步。

不料幾天後，帳單寄來。上面的金額居然高達數十萬日圓！實在太可疑了。我向保險公司確認後，才發現情況變成「我得承擔對方車上所有的刮痕」。原來，那位女性將她車上所有的刮痕維修費用，都算在了我的保險支付裡。

我立時怒火中燒，加上原先的懷疑，便委託專家調查。調查結果令我大吃一驚，「原來我根本沒有撞到對方！」專家指出，不僅找不到我的車造成刮痕的證據，我的車也完全沒有撞擊痕跡，何況從雙方當時的車輛角度來看，那位女性最初指出的刮痕，根本不可能是我的車所造成的。

由於那位女駕駛言之鑿鑿，影響了我對自己「應該沒撞到」記憶的信心。洛夫特斯教授實驗中的「記憶纂改」現象，就這樣活生生地發生在我身上。回想起來，那天風很大，由於強風吹動車身搖晃，對方可能誤以為「被撞到」。而我也因此被牽著鼻子走，懷疑自己「可能撞到了」。

我想，**這樣的情況或許每天都在世界上各個角落上演——「敢大聲就贏」、**

「相信自己記憶正確的人就贏」。

由於認定自己的記憶不可靠，就很容易被那些信誓旦旦地堅持「就是我說的那樣！」的人牽著鼻子走。

正因如此，近年來愈來愈多駕駛者開始使用行車記錄器，從各個角度錄下行車過程。我自己也立刻購買了這樣的設備。

即使雙方並無惡意，但若各持己見（譬如「撞到了」或「沒撞到」），討論自然難以產生交集。更別提若其中一方心存惡意、強詞奪理，另一方可能因此屈服並接受對方的主張。

希望已經理解到記憶有多不可靠的各位，不必再經歷類似的災難。

生成式ＡＩ的問世讓「記憶變得更不可靠」?!

二〇二三年，生成式ＡＩ成為備受關注的潮流。使用日語等語言提出問題時，ＡＩ就能以自然流暢的文章回應，彷彿真人作答一般。只要能妥善運用這項嶄新的技術，就會帶來極大的便利性。

只不過，包括 ChatGPT 在內的生成式ＡＩ，經常出現答非所問或提供錯誤資訊的情況，而且錯誤程度更是五花八門。

由於 ChatGPT 是透過學習網路上的資訊來提供答案，而網路本身往往充斥著錯誤資訊與假消息，尤其是專業領域中的複雜知識更是如此。因此，ChatGPT 有時會提供錯誤的答案也就不足為奇。

日本專利師Ｓ先生分享了一件耐人尋味的故事，正好可以佐證這種現象。

S專利師的業務，是為客戶代辦在日本或海外的專利申請及商標註冊。他表示，近來客戶理直氣壯地提出不符法律規定主張的情況大幅增加。而部分客戶是根據ChatGPT的回答而提出這些主張。

S專利師曾嘗試向ChatGPT提問：「是否已經存在與我想申請的專利類似的案例？」結果ChatGPT舉出根本不存在的例子，「煞有介事」地「捏造了不存在的案例」；有時甚至混淆美國與日本的法令，或將《商標法》與《著作權法》混為一談。

問題在於，生成式AI的回答總是「煞有介事」，猶如前面提到交通事故紛爭中「誰大聲就贏」的現象，進而讓用戶誤信AI所提供的資訊。

不過，ChatGPT自然不需要對生成的文章負責，真正應該負起責任的是輕信這些答案的人。

因此衍生出如剽竊等諸多問題，也讓企業與學校開始禁止直接使用生成式ＡＩ。

假設尚未具備是非判斷能力的兒童，因相信 ChatGPT 的答案而犯下無可挽回的錯誤時，該怎麼辦？或者，父母因相信孩子的說法而做出錯誤的決定，又該如何挽回？

值得警惕的是，即使我們在使用時了解「ChatGPT 可能提供錯誤資訊」，但就像性侵案件中，被害女性對錯誤的嫌犯照所產生的反應一樣，**到頭來我們在接觸類似資訊時，可能僅隱約記得「這件事似乎在哪裡聽過」，卻忽略了訊息內容本身可能是錯誤的**。

面對這種可能發生在任何人身上的情況，我們還能單純將過錯歸咎於「信以為真的人」嗎？

我們該怎麼做，才能讓「對方聽得懂」？

類似「說了就懂」這樣的問題，也同樣會發生在日常溝通中。

正因為說話者明白所傳達事物的重要性，會設法「正確無誤地」傳達，並清楚記住自己說過的話，認為「對方應該要正確理解」。然而，我們無法確定說話者認為的「正確」，是否符合事實。

另一方面，接收訊息者可能原本沒有意識到訊息的重要性。當對方傳達訊息時，他們很可能被其他事物吸引而分心，或認為得去做其他更重要的事情。

這麼一來，就算沒有惡意，也可能發生聽而不聞的情況；或是雖然聽進去了，卻做出完全不同的詮釋，甚至不知不覺地在記憶中置換訊息內容，又或者短暫記住後很快就遺忘。

這些情況在日常生活中屢見不鮮。例如：

忘記別人委託你買東西，因此在「說了」或「沒說」這一點上爭執不休，以致大吵一架。

部下將你交辦的工作忘得一乾二淨。

因誤解了約定的內容而被放鴿子。

工作的進展與指示的內容完全背道而馳。

這些紛爭的源頭，或多或少都涉及人類的認知能力問題。當你理解這樣的情況，卻發現某人不僅完全理解你企圖傳達的內容，還能依照你的想法採取行動，你不覺得這根本就是一種奇蹟嗎？

因此，我們必須慎重地確認，想傳達的內容是否已正確地傳達。但是，當出現失誤或溝通不良時，若直接責怪對方：「不是早就跟你說了嗎？」或者認定對方「連照指示去做都不會，真是沒用」、擺出「都講這麼清楚了還聽不懂，簡直難以置信」的態度，就顯得過於傲慢。

畢竟，每個人的記憶與理解方式都不同，對方能否正確地記住或理解，往往並非我們所能掌控。

當然，在許多情境中，我們確實需要避免上述的溝通誤會，努力準確地傳達訊息。我們也會繼續探討如何做到這一點。但是，在深入思考這些方法之前，我希望大家先理解，**人類的認知能力本身就是模稜兩可且充滿不確定性**。

從這個角度來看，如同本章開頭所提到，市場上那些關於「表達技巧」或「換個說法」等試圖提升表達能力的商管類書籍，或許對於我們這些「說再多也無法完全理解彼此」的人而言，是一種可行的手段。

然而，這類書籍所標榜的效果，例如只要替換某些詞彙，就能立刻促進彼此理解、讓事情順利傳達、改善人際關係等等，我認為各位也不應抱著過高的期待，認為能就此發揮立竿見影的成效。

即使無法完全相互理解，我們仍需努力尋找彼此之間有效溝通的方式。懷抱著這樣的期許，在日常生活中持續努力，比起期待「立刻被理解」更為重要。

問題不僅僅是「講開了就會懂」、「說出來就明白」

說到這裡，我想大家應該可以理解，我們常以為「講開了就會懂」、「說出來就明白」，但這樣的想法其實過於理想化。因為在溝通的背後，其實潛藏著認知結構中「基模」的影響，以及其他各種模稜兩可且不可靠的認知能力。

影響基模與認知能力的因素，並不限於「言語形式的溝通」，舉例來說：

- 學習或工作中關於資訊處理與輸出的能力。
- 團隊合作中完成任務的能力。
- 從部分資訊建構整體概念的能力。
- 根據當前情況推測未來發展的能力。
- 分析事物發生原因的能力。

這些我們習以為常的「思考學習活動」、「人際互動」，甚至是工作中被要求完成的任務，絕大多數都深受認知能力影響。

在下一章，我們將以「講開了就會懂」、「說出來就明白」為切入點，更深入地探討各種認知能力。此外，也會討論如何透過良好的溝通，讓我們的生活變得更舒適美好，以及如何有效地運用認知能力，提升工作產能與效率。

讓我們繼續深入探索這個主題。

第二章

「你的訊息未傳送」、「已讀亂回」，溝通究竟出了什麼錯？

探討「講開了就會懂」、「說出來就明白」的背景

在第一章，我們談到了在職場、家庭或朋友的關係中，我們總是理所當然地認為「說了就懂」，或者「講開了就會懂」。然而，實際上要達成這樣的結果，往往需要克服許多障礙。

相信許多讀者對於我在第一章所介紹，那些因認知偏誤而引發的事件，都感到相當驚訝。

那些我們深信不疑的「千真萬確的事實」，也未必如想像中可靠，有時甚至可能與真相背道而馳。

說起溝通，我們常常誤以為只要「正確傳達」或「讓對方理解」就足夠了。一般人總以為只要將「想傳達的內容」和「想說的話」一五一十地告知對方，就能實現相互理解的目的。

然而，現實往往事與願違。我們自以為已經充分傳達的訊息，對方卻不見得能真正接收到。

當我們意識到人與人之間存在著認知差異時，心中可能會浮現許多疑問，例如：

——「應該如何與身邊的人有效合作，讓工作順利進行？」

——「為了正確地認識現狀並提出精準的建議，需要做些什麼？」

——「怎樣才算是良好的溝通？」

——「什麼是有效的溝通？」

——「人與人之間的相互理解究竟是什麼？」

又或者，當我們產生以下想法時：

──「既然事情已經很明顯了，當然應該這麼做！」

──「不這麼做簡直莫名其妙！」

──「我已經說得夠清楚了，是對方沒聽懂！」

清楚認知到彼此之間的差異，能促使我們停下來思考：「這樣想，真的沒問題嗎？」

然而，第一章介紹的這些特性，僅僅是我們認知能力的一小部分。遺憾的是，即使解決了這些問題，也無法保證「說清楚就能明白」，或「促膝長談後就會懂」。

那麼，當我們「自認為費盡唇舌解釋」，而「對方也自以為充分理解」，但實際上卻發生「訊息傳不出去」、「已讀亂回」的情況時，究竟我們的認知世界出了什麼問題？

本章將介紹與認知能力相關的特性，這些特性正是導致「雞同鴨講」、「無效溝通」的元凶。當我們掌握了這些特性，就可以提升溝通效率，推動工作順利進展，實現更美好的人生。

無效溝通的原因①
關於「理解」的兩個迷思

說到「聰明人」，你聯想到的是什麼樣的人呢？是思緒敏捷、視野開闊、精通專業領域，還是工作能力出色的人？每個人對於「聰明人」都有不同的定義，而這些定義通常源自於我們各自的基模與想像。

迷思①：「記憶力好、成績優秀的人，理解力一定很強」

試著回想童年時期，當時你認為什麼樣的孩子才稱得上「聰明」呢？答案顯而易見。在孩子眼中，那些在學校考試中名列前茅的孩子，就是聰明人。從入學考試、期中考到各種檢定考試，我們的人生中經歷過無數次「評量記憶能力優劣的考試」，而這類考試往往讓記憶力強的人更容易獲得高分。

近年來，考試也逐漸朝評量「思考能力」與「想像力」的方向發展，但「評量記憶能力」的傾向依然根深柢固。從這個角度來看，通過升學考試的菁英中，「擅長記憶的人」應該不在少數。

基於這些經驗，即使成年後，許多人仍然認為「記憶力好的人」等於「聰明人」。

然而，記憶力好是否就等同於理解力強？實際情況似乎並非如此。高學歷者進入職場後難以適應的例子時有所聞。因此，當我們與學業成績優異的人相處時，雖仍抱持著「記憶力佳就是聰明人」的主觀見解，卻也可能心生疑惑：「這個人真的理解我在說什麼嗎？」

學生時代成績優秀，並不代表在職場上也能脫穎而出。高學歷者有時在溝通上面臨困境，或許正是因為記憶與理解之間存在落差。

芬蘭的大學入學考試，就是一個評量理解力的典型例子。芬蘭的課堂上雖然也有「確認理解程度的考試」，但並沒有升國、高中的排名式升學考試。也就是說，他們不需要「為了升學而死背單字」。

根據芬蘭的教育理念，學習英文單字的最終目的是在生活中實際運用。這樣的學習方式看似沒有升學壓力，但芬蘭的大學入學考試其實相當嚴格。一般而言，考試會進行二到三天，這段期間，考生每天需花費約六小時，以申論題的形式針對重大主題進行論述，例如哲學或社會問題。

要在這類考試中發表具建設性的意見和論點，除了具備一定的知識基礎，更重要的是能否運用累積的知識進行整合，並提出新穎且具說服力的解決方案。透過撰寫這類題目，芬蘭學生接受了涉及知識層面，以及思考力、理解力等多面向的能力評量。

相較之下，日本的升學考試長期以來被批評為「偏重背誦」。或許可以參考芬蘭的教育模式，重新建構考試制度，以擺脫對背誦的過度依賴。我們現在最需要的是回歸教育本質，思考「考試究竟是為了評量什麼樣的能力」。

理解與記憶

在此需要事先澄清一點：我並非主張「理解和記憶是兩回事，因此不需要記憶」，或者「日本偏重背誦的考試毫無意義」。事實上，記憶力和理解力雖然是不同的能力，但兩者之間並非完全獨立、毫無關聯。我為什麼這麼說呢？

舉例來說，假設要記住「日本各地因線狀對流造成豪雨，災情嚴重，滿目瘡痍」這句話。

這種情況下，最容易記住這句話的人，往往是那些日語流利，已熟悉句中幾個單詞，並且理解其涵義的人。如果曾親身經歷類似災情，或是從新聞報導中得知相關消息而感同身受，那麼記憶起來就更加容易。

反之，如果對「線狀對流」等專有名詞毫無概念，或看不懂「滿目瘡痍」的漢字，那麼要記住這句話就會變得困難許多。

更何況是那些完全不懂日文的人呢？

要記住全然陌生的事物確實非常困難，對吧？沒錯，這就是為什麼記憶必須建立在理解的基礎上。

透過以下練習，我們可以更深刻地體會到「記憶以理解為基礎」這句話的意涵。請嘗試記住以下的隨機單詞，並回答相關問題。

問題：盡可能記住下列單詞，不必拘泥於順序，時間限制為一分鐘。

書桌、鉛筆、麵包、花瓶、書、花、毛巾、信封、椅子、熨斗、鞋子、奶油、橡皮擦、原子筆、球、眼鏡、襪子、包包、遙控器

一分鐘到了。現在，請遮住單詞表，回答以下問題：

「剛才的單詞中，有哪些與食物相關？」

回答這個問題並不困難。但如果繼續增加詞彙，你可能在記憶上就會感到吃力。

一般來說，記憶隨機出現的單詞時，與其單純複誦那些單詞，不如將它們融入與自身相關的故事中，這樣會更容易記憶。

這是因為「理解」的過程對於我們能否記住事物，有著極大的影響。即使你只是機械式地反覆背誦單詞，你的大腦潛意識仍會試圖在這些單詞之間建立關聯，以幫助記憶。

換句話說，大腦會努力「理解」原本毫無意義的單詞排列。因此，比起不假思索地死記硬背，「透過理解的過程來記憶」，不僅更順利，也更有效率。

回到大學入學考試的話題，芬蘭注重評量「理解」的做法，從長遠的觀點來看，更有利於知識的記憶，也更能應用於實際生活中。從這個角度出發，日本的大學入學考試確實可以向芬蘭借鏡學習。

迷思②：「記錯，是因為理解不足」

剛才問題的答案是「麵包」和「奶油」。有些人可能什麼都想不起來，答不出任何一個單詞，但可能也有人會說出不在列表中的單詞。

你是否說出了像是「果醬」、「奶油」、「雞蛋」、「咖啡」等等，似乎常和「麵包」一起出現在餐桌上的食物呢？

或者，有些人可能會說出「起司」、「優格」這類和「奶油」性質相近的食物。

雖然這些答案是錯誤的，但它們恰恰反映出「理解力」的作用。說出這些答案的人，可能在聽到「麵包」和「奶油」時，將這兩個單詞理解為「和麵包一起吃的東西」、「塗抹在食物上的東西」或「乳製品」來記憶。

正因為試圖理解，記憶才會產生錯誤。

即使我們並未刻意運用「聯想記憶」或「理解記憶」，僅僅是機械式地背誦，當記憶容量超過負荷時，我們也會自然運用自身的基模，試圖先理解再記憶。如此一來，記憶的方式會受到理解的方式影響，而提高了誤答不存在事物的可能性。

《死了一百萬次的貓：記錯的書名集》（100万回死んだねこ　覚え違いタイトル集，講談社）這本有趣的書中，也揭示了人類記憶的機制。《死了一百萬次的

貓》是由福井縣立圖書館的館員所著。正如副標題「記錯的書名集」所示，書中收錄了許多「被記錯的書名」。一九七七年初版發行的名著《活了一百萬次的貓》（100万回生きたねこ，佐野洋子），曾被誤記成《死了一百萬次的貓》，這正是因為某些人在記憶書名時，加入了自己的理解而導致錯誤。

同樣地，《死了一百萬次的貓》也清楚展現了人類如何誤解與記憶資訊的過程，對認知科學家來說，這可是寶貴的研究資料。書中提到，一位圖書館館員曾被讀者詢問：「請問有《史特拉底瓦里琴如是說》這本書嗎？」你知道這位讀者想找的是哪本書嗎？沒錯，就是尼采的《查拉圖斯特拉如是說》。

這位讀者很可能在聽到不熟悉的外國人名時，將其與另一個長度相近、同樣陌生的外國專有名詞混淆了。

沒錯，詞彙長度也是造成記憶混淆的因素之一。

正因為理解而發生錯誤

在猜謎遊戲中，即使回答出不在選項中的答案，也不會造成任何影響。而書名記錯了，頂多成為茶餘飯後的笑談。然而，對於案件的目擊者而言，「理解後記憶」的特性就會帶來負面影響。

假設你目擊了一起搶案，刑警問你：「現場有刀子嗎？」這時，有些人即使沒有看到刀子，也可能回答「有刀子」。

這並不是說謊，而是在喚起記憶的過程中，因為看到受害者大量出血，就自行腦補「現場應該有刀子」。

人的眼睛並非相機鏡頭，大腦也無法正確記住所有看到的事物。

即使面對毫無意義的單詞排列，人類也能運用理解力創造故事，藉此增強記憶力。但另一方面，理解力也可能扭曲記憶。

麻煩的是，即使扭曲的記憶並非事實，敘述者本身也沒有說謊的自覺。因為對當事人而言，這段記憶就是「真實」。

無效溝通的原因②
無法「全面公平地綜觀全局」——觀點的偏誤

上一節提到「人的眼睛不是相機鏡頭」。即使只是單純地「看」和「聽」，我們仍會受到基模與先入為主的成見影響。視野所及與實際所見，未必相同。即使事物近在眼前，也可能出於各種因素而被我們忽略，視而不見。

我以前常戴一副橘色鏡架的眼鏡。有一次搭飛機時，我戴著眼鏡打盹，醒來後發現眼鏡不見了。我搜尋座位周圍，卻怎麼也找不到，猜想可能掉進座椅的夾縫裡。由於座椅以螺絲固定，我無法自行拆卸，只好等抵達目的地後，請當地機場的維修人員協助。

維修人員問我：「請問是什麼樣的眼鏡？」

我回答：「橘色鏡架的眼鏡。」

維修人員拆下座椅，拿手電筒仔細找了約五分鐘後，告訴我：「女士，真的找不到。」

但我上飛機時明明戴著眼鏡，不可能憑空消失。

「確定是掉在座位底下嗎？」

維修人員指著座椅底下讓我確認。我的眼鏡就在那裡。

我不禁驚呼一聲：「就是這個！」並一把撈出眼鏡。機修人員愣住了，顯然非常驚訝。他既不是在開玩笑，也不是故意捉弄我，他只是單純「沒看到」而已。

與想像不同的事物，「即使近在眼前也不會發現」

「進入視野」不等於「看得見」

明明就在眼前，也確實進入視野範圍內，為什麼會「沒看到」呢？那是因為對方預想的「橘色眼鏡」與我的眼鏡完全不同。我指的是「橘色鏡腳的眼鏡」，但因為鏡腳很細，橘色並不顯眼。而他想像中的「橘色眼鏡」，可能是那種鏡架很粗、整體都是橘色的款式吧（雖然要戴這種眼鏡出門需要一點勇氣）。

正因為想像中的事物完全不同，所以即使近在眼前也可能看不見。認知能力有時就是以這種方式來運作。

你是否也曾有過類似的經驗呢？

例如，你來到書店，想找一本在報紙廣告上看到的書。你走到應該會陳列該書的區域，大致瀏覽了一遍卻找不到。

「難道這家書店沒有進這本書嗎？」

大型書店通常會在店內設置具有「庫存查詢」功能的機臺，經查詢後發現，你剛才找過的書區顯示「有庫存」。

於是，你回到那個書區繼續尋找，但還是找不到。

沒辦法，你只好詢問店員。結果發現，那本書就堆在你眼前的書架上。你大吃一驚，不經懊惱著「怎麼會沒注意到呢？」

可能是因為你被其他鄰近的書籍吸引了目光，或是書籍封面的顏色與你預想的不同。原因可能很多，這也導致明明物品已經進入視野範圍，卻視而不見的情況在生活中頻頻發生。

一旦理解人類的這個特性，你就會明白，當你需要在文件中特別強調某件重要事項時，不能抱著「只要清楚地寫下來就好，不需要特地說明也不會有問題」的想法。

因為，即使你寫下文字，對方也看到了，未必代表對方就真的理解了；即使訊息映入眼簾，也可能只是走馬看花，沒有真正進入腦海。無論你認為注意事項再怎麼顯而易見，也無法保證對方已經確實理解並消化（即確實處理了語文資訊）。**我們的視角總是經過自身濾鏡加工，帶有個人的偏見。**

「認識」很難面面俱到

所謂「視而不見」或「觀察帶有偏見」，不限於視覺，也可能發生在聽覺上。常見的例子就是夫妻之間的對話。比如妻子抱怨丈夫「到底有沒有在聽我說話？」的場景。

即使一開始就先告知對方是重要的訊息，要專心聆聽，對方也不可能正確記住並理解所有聽到的內容。正因如此，傳話遊戲這種「將聽到的內容傳達給下一個人」的遊戲才會如此有趣。

此外，類似的情況也可能發生在認知層面。

例如，孩子想玩新上市的遊戲，便在央求父母時說：「大家都有，我也要！」

這時，父母若隨口舉出孩子同學的名字反問：「A有嗎？」

「A沒有。」

「那B呢？」

「我不知道B有沒有。」

但這孩子並非刻意說謊，他確實以為「大家都有」。

這個例子反映出，**只有符合自身想法的資訊才會特別醒目，進入我們的視野。**而這種現象正是認知偏誤的表現。

過度概括是「訊息傳不出去」的原因

如同前述的例子，我們不僅無法面面俱到地觀察和認知事物，還會**將接收到的少量而片段的資訊當作是「全部」**，並且深信不疑。即使長大成人，這種傾向也很難完全消失。

舉例來說，幾年前美國頒布一項總統令，限制特定國家、種族或意識形態的人士入境。當某人進行恐怖行動時，人們便將其所屬國家、種族或持有相同意識形態的人士一概視為恐怖分子。這種以偏概全的認知偏誤又稱為「**代表性偏誤**」

（Representativeness Bias），而將代表性案例套用於所有情況的現象則稱為「**過度概括**」。

然而，**個人的行為不見得代表整個群體**。我們並不會因為某個城鎮發生偷竊事件，就將所有居民都視為竊賊。

儘管如此，我們卻經常因某些特定人士的行為，便斷言「美國人就是～」、「日本人就是～」、「二十多歲的女性就是～」、「男人就是～」、「現在的年輕人就是～」。尤其當情緒牽涉其中時，更容易出現過度概括的現象。例如對某個民族印象不佳的國家，人們的意見往往會趨於一致。這種現象不僅出於個人情感，也深受社會氛圍影響。

此外，我們也經常憑藉偶然注意到的特徵，就對某人過度概括，並貼上標籤。例如，對方只是因特殊情況遲到一次，但由於你當時心急如焚，就斷定「這個人時間觀念很差」；又或者被對方指出一些小失誤，就認為對方「太過吹毛求疵」。

當孩子們在互動時「過度概括」的情況過於嚴重，甚至可能導致霸凌事件。這時即使告誡他們「不要妄下定論」、「要考慮對方的感受」，也很難改變當事人的想法。

我們在接收、理解和記憶知識或資訊時，必然會產生偏誤。一開始，我們會抗拒接收與自身想法不符的資訊。此外，受基模的影響，每個人對事物的理解也不盡相同。因此，在被指出犯下偏誤之前，我們往往難以察覺。

在社群媒體等平臺上容易接觸到相同意見，並進一步強化自我觀點和想法的現象，稱為「同溫層效應」。其實，這種現象早在網路出現前就已存在。我們往往為自己的所見所聞設定過濾器，「隔絕不想看到的資訊」、「選擇性地喚起記憶」，只接收對自己有利的資訊。

即使進入視野也視而不見，傳入耳中也充耳不聞。我們會無意識地從眾多資訊中選擇對自己有利的內容，並深信那就是全部。

這種認知特性雖是「有效溝通」、「相互理解」的基礎，卻同時也是阻礙溝通與理解的絆腳石。

無效溝通的原因③
「專業性」導致角度偏誤

新冠肺炎疫情期間，我們更頻繁地面臨重要的抉擇。身為大學教師，我必須不斷思考如何進行學生的課堂教學以及與研究生的定期會議。

要舉行還是取消？要面對面實體授課還是線上指導？

在考量感染風險的同時，也要避免擔誤學生的學習。此外，還需顧及減少與他人接觸、避免外出和外食對心理健康的影響。那麼，究竟應該以什麼作為判斷標準呢？

我不是新冠肺炎的專家，因此對於各種意見的判斷，都令我感到十分苦惱。

為什麼專家會「各說各話」？

當我們在猶豫如何做出正確判斷時，多數人可能會尋求「專家意見」。尤其是在新冠肺炎蔓延期間，各大媒體頻繁邀請相關領域的專家學者，徵詢他們的看法。

然而，視聽大眾可能會發現，「專家」的意見經常出現分歧，並對此感到困惑。

以本章一開始提到的課程需求為例，針對相同的問題，諮詢不同的專家可能會得到截然不同的答案。有人可能因此納悶：「同樣的數據、同樣的社會狀況，為什麼會出現不同意見？」進而質疑專家的權威性。

但站在認知心理學的「專家」角度，我會說：「**專家提出不同意見，是理所**

當然的。」

假設某位專家在A領域極富盛名，對於A領域的相關資訊擁有豐富的認知基模。

因此，不論他看到什麼樣的數據，在思考判斷時，都會透過個人基模觀察，形成特定的思考傾向。而這樣的思考傾向，也將因為他的專業領域（A、B或C……）而導出截然不同的結論。

不同「專業領域」對同一件事的「正確見解」，本來就會出現分歧

感染症專家、內科專家、經濟專家、物流專家、公共衛生專家、疫苗專家等，不同背景的專家聚集在一起時，對於「應該怎麼做比較好」的結論，本來就不會一致。

例如，公共衛生專家可能認為「居家防疫」是最理想的措施，但經濟專家則可能擔憂此政策會削弱經濟成長。

儘管從大方向來看，「防範新冠病毒疫情擴散並維持經濟活動」的目的是一致的，但各方態度卻可能出現一百八十度的差異。

然而，當我們期待專家提出「代表所有領域的意見」時，其實專家本身也會感到困擾。

對此，我個人認為：「這正是政治家應該肩負的角色。從各領域專家提供的建議，判斷國家應該重視哪些情況，並決定哪些意見更重要，不正是政治家應當扛起的責任嗎？」前些時候，我閱讀了日本政府新冠肺炎防疫對策分科會會長尾身茂的著作《一一〇〇天的抗戰：專家記錄下的新冠病毒大流行》（1100日間の葛藤 新型コロナ・パンデミック、専門家たちの記録，日經BP），書中提到了一些內幕。

二〇二〇年二月，日本厚生勞動省委派尾身茂及其餘十一名專家組成「新冠病毒感染對策顧問委員會」。委員會成立後數日內便召開首次會議，並向政府提出「顧問委員建議的新冠肺炎對策（案）」。然而，即便專家們之後召開第二次、第三次會議，政府依然沒有公布官方的正式對策。尾身茂表示，或許是因為政府認為目前缺乏完善的解決方案，倘若貿然公布只會加深國民的不安，因此採取謹慎的態度。

另一方面，尾身會長在參與國內外傳染病防治工作超過三十多年的經驗中，對於充滿不確定性的傳染病，他認為：「必須盡可能釐清哪些事情已知、哪些事情未知，以及證據的可靠程度。此外，即使在缺乏證據的情況下，有時也必須做出判斷，但判斷的依據為何？必須盡可能以淺顯易懂的方式詳細說明，才能讓民眾理解並接受國家推行的政策。」

基於這樣的理念，據說他當時直接與時任厚生勞動大臣加藤勝信交涉，希望能以專家個人的觀點，而非國家的官方立場來發表意見。

一般來說，政府的專家會議結束後，主席幾乎不會召開記者會。更何況，這次還預計在官方發表正式立場之前舉行。因此，對於專家具名公開發表個人見解一事，厚生勞動省起初似乎持反對意見。不過，記者會最終仍在加藤大臣的許可下順利召開。透過公開發表見解，日本國民獲得了某種面向、範圍的行動方針；但另一方面卻也如同書中所陳述，他們同時遭受「操之過急」的批評，甚至一度收到死亡威脅。

然而，由於政府遲遲未公布正式立場，再加上新聞媒體在官方邀集的專家之外，還紛紛報導各界專家的意見，導致社會上出現「國人因為專家各說各話，不知道該相信哪一方說法」的混亂局面。

未來難保不會再次發生像新型冠狀病毒這樣充滿不確定性的事件。因此，盲目相信「專家說的就肯定不會錯」的心態，可能會導致觀點過於偏頗，或是忽略該專業領域以外的重要觀點。

此外，「政府說的絕對不會錯，不需要自主思考」的心態，也是形同放棄思考、不負責任的行為。我們應該採取什麼樣的行動？為什麼要採取該行動？採取行動之後，可能會發生什麼事？對此應該抱持何種態度？這些問題都需要我們每個人深思。

專精於某個領域，是否會導致偏頗？

藉由新冠病毒的例子，我想說明的是，**無論是工作、研究或任何領域，「追求專業」代表盡可能深入鑽研特定領域。這也意味著，從某種角度來看，視角可能會變得狹隘。**

在本書第九四頁，我提到人們的觀點都帶有一定程度的偏見。讀到這裡，或許有人會認為，「重要的是保持客觀、全面的觀點」。

然而，這未必是正確或可行的態度。

因為即使不是所謂的專家，我們也往往會站在某種「立場」看待和判斷事物。而且，每個人並非只擁有一種立場。

《一一〇〇天的抗戰：專家記錄下的新冠病毒大流行》一書中，也提到與政府和民眾溝通的困難之處。

企圖防止疫情擴散的專家認為，「即使是無症狀者，也可能傳染給周圍的人」是必須明確傳達給民眾的重要訊息；另一方面，政府卻抱持著「公開毫無應變措拖的不利事實，可能會造成民眾不必要的恐慌」的立場。

當時，在雙方存在立場差異的衝突中，據說還收到了來自疫區的地方政府的意見：「為了避免引起騷動，希望不要對民眾發布無症狀感染者可能造成疫情擴散的觀點。」

最終，在二〇二〇年二月尾身會長提出的見解中，「無症狀」一詞遭到刪除。關於這一點，書中寫道：「我認為如果從疫情初期就與都道府縣關係惡化，之後的合作就會變得困難。」

當時，尾身會長既是傳染病專家，同時也是政府專家會議的成員。而且，之後他仍須以帶領全國傳染病防治工作的角色，請求都道府縣等相關單位協助。

正因專家觀點必然帶有個人的偏頗，加上來自專家會議成員及其他帶領傳染病防治工作人士不同觀點的「偏見」，我們才能更深入、更全面地著眼於疫情的應對。要達到這種觀點深度，很難僅僅透過「客觀、全面地看待」的態度來成就。

這一點在商業場合同樣適用。人們往往會以自身的專業領域、擅長業務，以及自身工作範圍內的主觀角度來思考。而**工作的推動，正是透過這些抱持不同「偏見」的人聚集在一起，經由意見交流與相互妥協，才能獲得更廣闊的視野。**

因此，當行銷部門負責人提出一項同業尚未嘗試、預期效益極高的方案時，其他部門可能會提出完全不同的意見，例如：

A：「馬上執行吧！」

B：「需要一個月的準備時間。」

C：「這根本行不通！」

如此一來，討論往往會陷入僵局，這也是無可奈何的事情。如果各持己見，不斷反覆辯駁相同的論點，最終只會讓彼此更加固執己見。你愈堅信自己的觀點，愈認為自己是理性的，就愈容易覺得別人的意見是「錯的」，甚至可能出言攻擊對方。因為到頭來，你腦中只會剩下一個念頭：「完全無法理解你為什麼會這麼想，根本不可理喻！」

此時需要的並不是單純換個方式說明，或者搬出更吸引人、更詳盡解說後的新方案，而是要設身處地思考，了解每個人是基於什麼樣的觀點提出意見，並傾

聽他們的聲音，消除彼此的疑慮。

首先，身為行銷專案負責人，你必須釐清提案的目的為何。接著，更進一步地思考「對方可能產生的認知偏誤」。如此一來，你才能更加包容不同的想法，並稍微跳脫自身框架，傾聽對方的意見。

如果我們能透過這樣的過程，理解B的發言是基於物流上的考量，C的發言則是出於對成本的擔憂，逐一掌握各方的想法，就可能跨越「各說各話」、「雞同鴨講」的障礙。

專家、企業與一般民眾之間的溝通

在新冠病毒防疫措施中，除了「專家（尾身會長）與行政機關（政府和都道府縣）」之間的溝通外，還必須考慮到「專家（尾身會長、政府和都道府縣）與一般民眾」之間的溝通。

尾身會長指出，在溝通上令他備感困擾的一點是：「雖然盡可能以數據等資料為基礎提出建議，但有時仍被視為在『譴責』，並因此遭到批評。」他舉年輕族群的反應為例。

在染疫年輕族群中，大多是出現輕症或無症狀感染。因此，尾身會長等人公開提醒：年輕族群可能在不知不覺中造成疫情擴散。

然而，民間卻出現了「（政府）將疫情擴散的責任推給年輕人」的批評聲浪。

尾身會長表示，他最初就擔心年輕人會出現這種想法，因此一直很重視訊息的傳達方式，例如強調「疫情擴散的責任並不在年輕人本身」等說法。但即便如此，年輕族群仍然充斥著「為什麼我們要受到批評」的抱怨。

尾身會長發布訊息的目的是為了防止疫情擴散，而這些訊息都是基於數據資料所提出。他並非刻意指責年輕族群，而是在發言前就已進行全盤考量，並意識到可能引發誤解的風險。

儘管如此，部分民眾仍接收到超出預期的訊息。這種情況不僅發生在「專家與民眾」之間，也可能出現在「企業（製造商）與使用者」之間。

幾年前，一家知名企業的廣告引發爭議，背後的原因正是出於訊息接收者的解讀差異，以及企業未能充分意識到相關風險。

我想強調的並不是「不要發布容易引起誤解的訊息」、「產生誤解是接收者解讀錯誤」、「只要目的正當或基於數據資料，即使傷害到他人也可以被接受」、「應該事先設想風險」等觀點。

無論是專家或是身處任何立場的人士，都難免存在「觀點的偏頗」。我希望各位思考的是，在溝通如此困難的情況下，我們應該如何因應？

每個人都擁有不同領域的知識、興趣和專業。我們應該如何與不同的人合作？應該建立什麼樣的關係？這不僅是商務人士需要思考的問題，也是所有人都應關注的重要課題。

無效溝通的原因④
人類無法成為「記憶機器」

幾天前，我看到一則新聞報導提到：「自二〇二二年六月起，凡是向寵物店或繁殖業者購買狗或貓，都必須植入晶片。」於是，我帶家裡的貓咪去動物醫院，想為牠植入晶片。

我請平常看診的獸醫師幫我的貓植入晶片，並確認讀取器上的號碼與晶片上的號碼一致。

可是，號碼卻對不上。「咦？怎麼會這樣？」連獸醫師也慌了手腳。

幾分鐘後，我們才驚訝地發現，原來，我的貓在這次植入晶片之前，體內就已經有另一張晶片了。一開始檢查時讀到的就是那張舊晶片。等後來新晶片讀取成功，才釐清了整個事件的來龍去脈。

現在的問題是，是誰植入了那張舊晶片？

多年以來，我的貓都在這間動物醫院看診，但病歷上卻沒有任何相關紀錄。獸醫師也表示從未為我的貓植入晶片。那麼，究竟是怎麼一回事？

此時，我突然想起一件早已遺忘的事：當初在寵物店購買貓咪時，業者就已經為牠植入了晶片。雖然當時業主曾告知我這件事，但我後來居然完全忘了。

最終，我只好請獸醫師取出新晶片，讓貓咪白白受了一次皮肉之苦。（小雪，對不起！）

連「人會遺忘」這件事本身，也會被遺忘？

人類並不是記憶機器。記憶是一種非常脆弱的存在。即使當下信誓旦旦地認為「絕對不會忘記」，過了一段時間後，還是可能忘得一乾二淨。

連與心愛的貓咪相關的事都會忘記，更何況是那些不經意的小事。我們能記住的事，其實只是少數。

既然人類天生容易遺忘，那麼，**我們至少要記住一件事：「人會遺忘。」**無論是工作還是生活中的大小事，這一點都至關重要。

舉例來說，當下屬忘記重要文件的繳交期限時，嚴厲斥責並非最佳的解決方式。就算你說：「我上個月就說過今天要交了！你怎麼會忘記！」也未必能解決問題，還可能引發更多矛盾。

首先，所謂「我上個月就說過今天要交了」這句話的記憶是否正確，就值得商榷。即使其他人都記得繳交，也可能這位下屬當時不在場，沒聽到這件事。

此外，如果真的是重要的文件，卻只在上個月指示一次，後續卻未跟進提醒，也在一定程度上反映出管理上的問題。其實，提前一週或幾天後再提醒一次，就能有效降低遺忘的風險。

經驗豐富的工作者往往很清楚：「自己和對方都可能會忘記」，因此會提前設想應對方案。各位在工作時，是否也會以「自己和對方都可能會忘記」為前提，進行工作規劃呢？

「不會遺忘」真的那麼重要嗎？

當不小心忘記了重要的事情時，很多人會自責「我怎麼會忘記呢？」並因此感到沮喪。

無論是遺忘工作相關事項，還是家人的生日等紀念日，又或是與他人的約定，往往令人懊惱不已。很多人可能都有過拚命道歉卻於事無補的經驗吧。要不然，寫在行事曆上吧？不行，搞不好連檢查行事曆這件事都會忘記……

或許許多人曾經因為遺忘而變得焦頭爛額，或是被責罵的痛苦記憶過於深刻，以至於他們一提到記憶，就認為最重要的是「不要遺忘」。

事實上，人們的確因為「記憶力隨著年齡增長而衰退」而飽受困擾。我在第一章也提過，「訊息因遺忘而無法傳達」的例子，因此，想要找到「不遺忘的方法」的心情，我完全能夠感同身受。

然而，從認知科學的角度來看，**「遺忘」其實是一種非常重要的能力**。為什麼這麼說呢？

「遺忘」的重要性在於，人類並不具備記住大量訊息的能力。

我基於對教育改革的熱情，參與了一項名為「結合學習研究與教育實踐專案」（ABLE-Agents for Bridging Learning research and Educational practice，ABLE）的計畫。

這項計畫邀請世界各地、專攻認知科學領域的研究者，以及每天身處教育現場的教育工作者、懷抱改革社會熱情的人士，共同搭建起這座知識橋梁。該計畫於二〇一二年啟動，近年雖受疫情影響，活動多轉為線上進行，但仍致力於透過分享理論、知識和經驗，創造新的價值。

二〇二一年，我們邀請美國布朗大學的認知科學家史蒂芬・斯洛曼（Steven Sloman）教授參與ABLE計畫。

根據斯洛曼教授的研究，人類的記憶容量大約只有「1GB」。相較之下，如今去便利商店就能買到16GB的USB隨身碟，而且只需約六百日圓，即可擁有超過人類十六倍的記憶容量。（《知識的假象：為什麼我們從未獨立思考？》，史蒂芬・斯洛曼、菲利浦・芬恩巴赫合著）。

最新款的iPhone，即使是最低容量的版本，也有128GB。若要讓人類的記憶容量與一臺iPhone（還是低階款）相提並論，可能需要一百二十八人共同集合記憶才能勉強匹敵。不過，人類的大腦並非單純的記憶儲存裝置。當隨身碟或智慧型手機的容量滿了，我們可以選擇刪除資料或更換新設備。但人腦無法像電子產品一樣汰換，我們只能依靠大腦自行處理儲存的資訊。

與電子產品不同的是，我們無法直接透過螢幕檢視大腦中的資訊，並將其分類為「保留」或「刪除」。大腦會自動判斷哪些資訊是必要的，哪些是不必要的，並從日常生活中刪除。因此，對於人類而言，資訊的新陳代謝是不可或缺的歷程，反而是「無法遺忘」的情況才需要治療。創傷記憶就是一個典型的例子。有些事件的衝擊過於強烈，即使試圖遺忘，也無法將其從記憶中抹去。

更令人困擾的是，這些記憶不一定完全屬實。如同前文所述，我們的理解與記憶會受到基模強烈影響，如果一個人長期受不愉快的記憶所折磨，而這些記憶又未必是真實的，將是一種極為痛苦的經歷。

在「記憶容量錦標賽」中，人類的表現會是如何？

因為遺忘，才能理解

然而，在特定情況下，記憶能力的「模稜兩可」是必要的。

近年來，人臉辨識等ＡＩ科技日新月異。這些技術原理是依據眼睛、鼻子、嘴巴等特徵的相對位置與尺寸大小，將蒐集到的資訊與資料庫中的人臉進行比對。

儘管這項技術出色，但若要將現在的人臉與二十年前的照片進行比對並辨識出是同一個人，難度依然很高。

相較之下，即使是二十年沒見的老同學，只要看見他們的臉，我們還是能認出他們是誰。同樣地，疫情期間雖戴著口罩，我們依然能在口罩摘下的瞬間分辨出彼此。

「嚴格來說並非相同的事物」，卻能從記憶中喚醒並視為「相同」，這種能

力源於人類在「遺忘」的前提下，只記憶重要且視為本質的部分。例如，與人初次面對面交談時，或許不會刻意觀察並記住對方的臉部細節，但下次見面時還是能認出對方。即使間隔一段時間，也大致能辨識出來，這種靈活性正與人類「遺忘」的特性息息相關。

話雖如此，有些事是不能忘記的。那該怎麼辦？

即使充分理解「遺忘」對人類來說是重要的能力，但考慮到人們對於「講開了就會懂」、「說出來就明白」的迷思，記憶容量不足仍可能引發一些小麻煩。例如，「忘記對方交代的事情」這類情況還是屢屢發生。

這種情況無可避免，只能透過一些方法來應對。例如，「以防萬一，使用某種工具確實記錄下來，並養成查看備忘錄的習慣」，或者「反覆提醒自己和對方」。然而，在忙碌的生活中，我們很難毫無遺漏地記得所有的事。如果過於追求完美，反而可能影響到日常的事務。

順帶一提，世上的確存在「記憶錦標賽」這種競賽。可見只要運用適當的記憶技巧，就能在短時間內記住大量資訊。

市面上也有不少「記憶術達人」出版的著作，其中介紹了一種「一次輸入大量資訊」的知名技巧，就是所謂的「羅馬房間方位記憶法」（The Roman Room System），又被稱作「記憶宮殿」（Memory Palace）。

其做法是想像一個自己熟悉的場所，並將想要記住的事物「放進去」。例如，要記住「香蕉、洗衣精、雞蛋、衛生紙、牛奶」這份購物清單，可以從「家裡玄關門把上掛著香蕉」開始，接著想像「客廳裡滿是洗衣精泡沫」、「走廊上放著牛奶」、「樓梯上散落雞蛋」等場景。當需要回想時，只要打開掛著香蕉的玄關門把，就能喚起相關記憶。

據說在「記憶宮殿」放置物品時，形象「愈有趣、愈低俗、愈奇特」愈好（《大腦這樣記憶，什麼都學得會》，喬許・佛爾著）。

另一方面，這些記憶術達人也積極地運用「遺忘」的技巧。

例如，日本會舉辦以《百人一首》為主題的「歌牌」比賽。選手們會記住自己面前牌卡的位置。但如果「前一場比賽的牌卡位置」仍殘留在記憶中，便可能導致下一場比賽打錯牌。因此，選手必須消除先前的記憶，並覆蓋上新的記憶。據說這是一種必要的訓練。

由此可見，記憶（和遺忘）的能力，並非只是單純「能記住就好」。

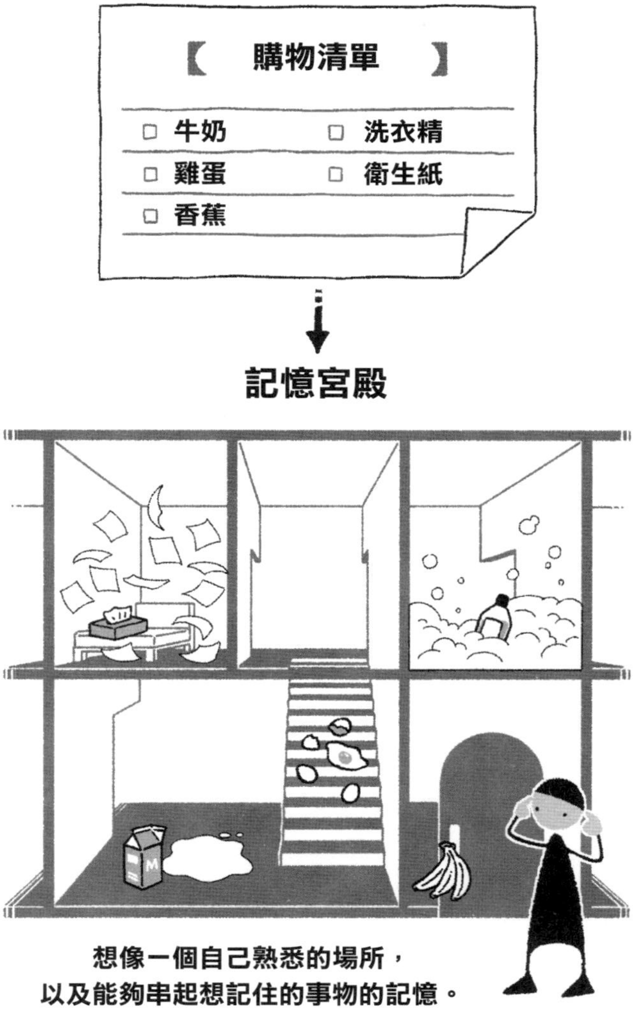

想像一個自己熟悉的場所，
以及能夠串起想記住的事物的記憶。

一次記住大量資訊的訣竅

反覆直到成為身體的一部分

我曾讀過棋士島朗九段的著作，他在書中提到自己如何學習將棋。將棋是一種需要龐大記憶量的職業。據說經驗的累積與對棋局的記憶，以及如何在比賽中應用這些記憶，都是影響勝負的關鍵。

島朗九段在書中寫道：「總之就是徹底背誦棋譜。」但這與我們一般人理解的「背誦」，有很大的不同。

他在學習某一盤定式[2]時，會一邊思考，一邊反覆重現棋局，直到能夠完整重現為止。此外，他還會「從自己和對手的雙重立場」來進行模擬。

為了掌握某個定式，他會使用某位棋手的比賽棋譜，從贏家的角度重現一遍，再從輸家的角度重現一遍。島朗九段認為，只有做到這個程度，才能算是真正「完成背誦」。

這已經超越了一般人對「背誦」的理解。更準確地說，這是一種分析、建立假設與驗證的過程，或者說是在記憶中添加標籤，並對其加以分類。

由此可知，「背誦」這個詞的使用範圍其實相當廣泛。然而，在許多關於「是否應該透過背誦來記憶」的討論中，對於「背誦」的定義卻往往模糊不清。

光是從字面上死記硬背，也未必能真正留在記憶中。接下來還得經過反覆的分析和驗證，才能真正成為身體的一部分。

2 編注：定式是在將棋棋局中常見的開盤序列，初學者可透過背誦定式來增強實力，並於實戰中摸索出適合自己的戰略布局。

透過這樣的過程，能讓重要且能與既有知識連結的部分留存在記憶中，其他部分則會漸漸遺忘。

無效溝通的原因⑤
「專業性」話語及情感篡改記憶

人類的記憶除了「容量小且有限」之外，還有一個麻煩的特性。那就是前面提過的，**即使記住了，也會因為一些微不足道的小事而遭到篡改**。

美國華盛頓大學的伊莉莎白．羅芙托斯（Elizabeth F. Loftus）教授等人設計了一個著名的「目擊者記憶」實驗。實驗中，讓受試者觀看一段汽車撞上電線桿的影片，然後調查他們對場景細節的記憶準確度。研究者在詢問時，刻意改變了提問中的冠詞：

Did you see **a** broken headlight?（你看到了壞掉的車頭燈嗎？）

Did you see **the** broken headlight?（你看到了那盞壞掉的車頭燈嗎？）

結果顯示，面對使用定冠詞「the」提問的受試者中，回答「看到了」的比例更高。這是為什麼呢？

對以英語為母語的人來說，「a」和「the」的意義完全不同。使用「the」，表示車頭燈壞掉是既定事實，也就是說，提問者預設車頭燈壞了，並詢問受試者是否看到了；另一方面，使用「a」，則只是中性地詢問是否注意到車頭燈壞了。

因此，即使觀看相同的影像，受試者的記憶也可能因提問方式的不同而遭到纂改。只需要簡單的一個冠詞，就能影響甚至改寫人們對事件的記憶。

這裡雖然以英語的例子說明，但日語中也會出現類似情況。假設你是某事件的目擊者，這時，如果將「現場有長髮女性嗎？」的問題改成「那位長髮女性在現場嗎？」，即使你沒有注意到該女性是否在現場，也可能因為提問而產生「好像看過某位長髮女性在現場」的印象。而那些堅稱「我完全沒有印象，沒有那回事」的人，或許也會在不知不覺中被改寫了記憶。

舉例來說，假設你參加了一場會議，會議結束後有人問你：「會議室裡的時鐘是白色的，還是黑色的？」即使你不記得時鐘的顏色，可能也會認為「那是一個有時鐘的房間」。當之後有人改口說：「你那天去的會議室裡沒有時鐘。」即便這才是事實，你說不定還是會懷疑「不可能吧」。

情感也會纂改記憶

記憶不僅僅會被別人的言論所纂改。**當事者的情感也是改寫記憶的重要因素。**

我的一位熟人T提過一件事：他與大學時代的朋友N久別重逢，見面時聊起學生時代的往事。順帶一提，N的太太也是同一所大學研究所的同學。

那天，他們偶然聊起了研究所的夏季合宿[3]。這是T三十年來頭一次談起「研究所夏季合宿」的話題。可是，T只記得「住在海邊的旅館」，對於N提到的許多細節，他數次驚訝地表示：「發生過那件事？」

N一邊說著太太的往事，一邊分享自己的回憶。而T對於N記得的內容之多且詳細感到驚訝不已。

這種情況其實並不罕見。如果像T一樣很少回想某段經歷，記憶就會愈來愈淡薄。相對地，N夫妻可能因為偶爾會聊起合宿的回憶，反覆多次回想而加深了印象。這或許是因為對夫妻倆來說，這是一段「美好的回憶」吧。

不過，並非像N那樣反覆回想，就能維持記憶的原貌。因為即便反覆回想，如果當下加入了外來資訊，最初的記憶本身也可能遭到扭曲。

例如N夫妻頻繁聊起往事時，如果其中一方的記憶有誤，另一方可能就會被灌輸錯誤的記憶。因此，我們在聊天過程中，記憶往往會被改寫成與原本不同的樣貌。

即使對許多人來說是無關緊要的小事，但如果某段往事對兩人的相遇具有特

3 編注：日本學生在暑假期間進行的外宿活動，通常由學校或社團組織。

殊意義，就可能被渲染成一段特別的回憶。

我認為這是在說明「既定印象如何產生」的一個相當好的例子。當然，當事人並非刻意竄改記憶，而是情感本身就是造成記憶扭曲的一大主因。

從「為什麼？」開始的推測會改寫記憶

人類生來就習慣對各種行動推測「為什麼」，試圖尋找其間的理由和因果關係。然而，在抱持負面情緒時，「為什麼他要這麼做？」的推測也會受負面情緒渲染，導致自己的推測就像真實發生過一樣，被記錄在腦海中。

例如，「被老師提醒」可能在不知不覺間被改寫成「被老師大聲斥責」的記憶；或者，「想找上司商量時，不巧遇到他很忙，於是主管回應『晚點再談』」

被改寫成「上司不想聽我商量」或「上司刻意逃避」的成見。

這種與負面情緒相連的記憶，在回想時會陷入負面迴旋的惡性循環。有時，負面情緒還可能因此被強化到幾近病態的程度，使人難以憑藉自己的力量擺脫。

無效溝通的原因⑥
「認知偏誤」導致思考停滯

我們經常會遇到這樣的情況：

「明明費盡唇舌解釋得這麼清楚了，為什麼他還是一臉茫然？」

「怎麼想都是我說的更有道理，對方卻完全不贊同。」

即使在同一個職場、擁有相當程度專業知識的人們之間，同樣會發生難以溝通的情況。

之所以會出現這種情況，正如我在第一章所說，我們在溝通過程中必然會受到基模（個人認知框架）的影響。

再次重申，基模是指我們在理解事物時，背後運作的基本知識和思考框架。然而，它有時會成為一種阻礙溝通的過濾器。這種引發成見、先入為主、扭曲數據、一廂情願的想法及謬誤效應的現象，就稱為「認知偏誤」。

認知偏誤的種類很多，我在書中第一〇一頁提到的「代表性偏誤」，便是其中之一。

誰的價值觀比合理性更受重視?!

前述斯洛曼教授的著作《知識的假象》中，探討了各種「認知陷阱」。以下將聚焦於探討認知偏誤的部分。

以人工流產為例，這是一個在美國引發輿論兩極化的議題。然而，斯洛曼教授指出，人們並非針對個別議題逐一檢視政策，思考其可能帶來的結果後才表達「贊成」或「反對」。事實上，人們往往是先根據自身「神聖的價值觀」做出決定後，再編造理由來合理化這個決定。

對某些人而言，他們的神聖價值觀是「人工流產形同謀殺胎兒」；而對另一些人來說，則是「女性擁有身體的自主權」。

儘管多數人以「神聖的價值觀」為前提而做出了判斷，並對自己的決定深信不疑，然而，他們卻無法有條理地說明做出這個決定的理由。即使意見不同的人提供再多知識或資訊，在多數情況下，也難以改變他們的判斷。此外，即使試圖指出對方主張中的邏輯漏洞，對方也往往聽不進去。

斯洛曼教授指出，神聖的價值觀就是「應該如何行動的價值觀」，同時也是一種「將事物過度簡化的工具」。

也就是說，看似經過深思熟慮後得出的結論，其實只是省去繁瑣的因果分析，直接依據自身價值觀而得出結論，幾乎沒有經過仔細檢視證據等思考過程。

遺憾的是，**我們在日常生活中經常無意識地做出這種基於「神聖的價值觀」的簡化判斷**。

主張「不要勉強別人接受你的價值觀」，是否也是一種價值觀？

二〇二二年底，某座城鎮所發布的官方移居指南，引起了廣泛討論。指南內容包括：希望移居者具備鎮民意識；小鎮生活比都市更容易受到自然（如暴風雪等）影響，需格外注意；小鎮與都市在人際關係和互助精神上有所不同，需相互理解云云。移居指南的目的是讓移入者提前做好心理準備，避免日後引發爭端。該指南之所以引起熱議，我認為其中有幾點原因，而最引起我注意的是「不要將都市生活習氣的價值觀強加於地方」這一點。

或許，這座城鎮曾因移居者與當地居民之間的摩擦而吃過苦頭。而從條文中，我們可以感受出一種「新來者理所當然要配合我們」的價值觀。雖然這樣的態度可能會引起少數人的反感，但對鎮上的居民而言，他們行之有年的習慣無疑已被視為一種「神聖的價值觀」。

我想再次強調，「神聖的價值觀」本質上是一種「指導行動的價值觀」，同時也是一種「過度簡化事物的工具」。擁有這種價值觀，會讓人用簡單的方式看待問題。例如，居民並不會去思考「小鎮是否應該隨著時代變遷，或是在接納來自都市的移居者的過程中，做出一些改變」這類複雜的問題。

在「神聖的價值觀」之下，「小鎮的意識」成了唯一的答案，從而避開了「我們應該如何看待個人隱私，以及都市或其他地區的價值觀？」這類繁瑣的討論。如此一來，人們便能輕易且不假思索地否定那些與自身不同的價值觀。

要特別警惕「毫無根據的自信」

「神聖的價值觀」潛藏在我們日常生活的各個角落，其主體有時是「城鎮」，有時是「公司」，甚至是「日本人」。

近年來屢屢上演的國際衝突，不正是源自於這種「神聖的價值觀」嗎？例如俄羅斯主張併吞烏克蘭的合理性，抑或是中國一再主張「一個中國」的「神聖的價值觀」，是否皆導致領土之爭變得愈加複雜？

問題的癥結在於，**雙方都堅信「自己是對的」**。當傳遞與接收訊息的雙方都抱持這種神聖的價值觀時，「透過溝通達成理解」便成了遙不可及的夢想。拋出再多的言詞，也只會讓彼此更加認定對方「冥頑不靈」。

這裡提到的是一種思考偏誤，又被稱作「**信念偏誤**」。閱讀本書的你，是否也曾以同樣的偏誤看待事物呢？

在某些重要的判斷上，你是否也無法清楚說明自己的依據？其中可能就隱藏著認知上的過濾。

又或者，當公司內部出現爭端時，你是否僅簡單聽取雙方說法，最後只因為其中一方平時表現認真負責而偏袒其主張？

要察覺自身的認知偏誤並不容易。

關鍵是聚焦於結論本身，而非價值觀。接著，**從結論回溯思考**，回顧整個思考過程，檢視自己得出該結論的依據。若能進行這樣的思考，就能更有效地避免因信念偏誤所導致的不當判斷。

為什麼信念會變成偏誤？

前文介紹了「信念偏誤」，但是，「信念」與「信念偏誤」之間究竟有何不同？乍看之下兩者相似，到底差別在哪裡？

我認為其中一個重要區別在於：「與他人（或周圍價值觀）的關係性」。簡而言之，信念是「我『想這麼做』的想法」，信念偏誤則是「我『想這麼做』，並且要求『他人也必須這麼做』的想法」。信念是基於「對自己而言正確」，而信念偏誤則進一步延伸為「對自己而言正確，也必然對他人正確」。這樣的推論，正是信念偏誤的核心所在。

以剛才提到的小鎮為例，當地居民所堅信的價值，就是信念。然而，當他們強迫遷入的新居民接受「鎮上就是這樣，要來就接受，否則就不歡迎」，就成了信念偏誤。即使移入者最終也將成為小鎮的一分子，但這群人的想法卻可能全然遭到當地人無視，甚至不被接納。這種態度便形成了所謂「神聖的價值觀」。

我們不妨從商業脈絡來思考。例如，一家公司宣示「我們將以這樣的理念和願景來經營」，這是信念。近年來備受關注的「企業使命」，也就是呼籲全公司朝同樣的使命前進而共同努力，是經營團隊的重要任務。

需要注意的是，當「不能將信念強加於人」的信念走向極端，也可能導致完全無法對他人或他國的想法和行為發表意見（這種相對主義走向極端的認知方式被稱為「相對主義的認知偏誤」，將在本書第一六七頁進一步討論）。

在認為「自己的信念應該被他人或社會遵守」之前，我們需要反思：個人應當遵守哪些規範？為了社會或世界和平又應該遵守哪些原則？

為此，我們必須理解每個人都可能存在「信念偏誤」，即便是自己也不例外。此外需要特別留意，專家也可能提出基於信念偏誤的建議。

各種成見與認知偏誤

除了信念偏誤，人類還存在各式各樣的認知偏誤。了解這些偏誤有助於我們反思自身行為，以下介紹其中幾種。

常見的認知偏誤：「別人的知識＝我的知識」

斯洛曼教授指出：「許多人無法清楚區分自己腦中的知識與外界的知識。」他將這種現象稱為「知識的假象」。這種假象會以各種形式表現，例如，直接將專家的意見當成自己的觀點來表達。

前幾天，我從企業界友人M口中聽聞，他曾因「將別人的知識視為自己的知識」所遭遇的慘痛經驗。M的後輩I，因工作適性、人際關係和職涯發展等問題感到苦惱，向M吐露打算辭職的心聲。

負責評估I表現的M，一邊提出職涯規劃建議，一邊試圖說服他：「再努力看看如何？」

沒想到I面露難色地回答：「可是，前輩您不是人資……也不是職涯方面的專家吧？」

M聽了大為震驚，但也承認I說得沒錯。M用來勸說I的話語，既非基於自身經驗，也非來自專業見解，而只是將關於職涯發展的一般論述或書籍文章中的內容，當作自己的意見表達出來。

事實上，如果I真的想諮詢人資或職涯問題，應該會去找相關領域的專家。

那麼，I為什麼會找上M呢？其實，他只是想找人傾訴。或許M只需要扮演一個聆聽者的角色，而非給予建議。或者，他也可以幫忙介紹職涯規劃的專家。

總之，I並不是想聽M的意見。

當然，M並無任何惡意，也沒有試圖操控I的想法。但他卻不經意地將別人的知識挪為己用，這正是認知偏誤的可怕之處。在這個例子中，I一針見血地指正，讓M赫然警覺到自己陷入了「別人的知識＝我的知識」的認知偏誤。儘管如此，在不少類似的情況下，人們可能會因對後輩或下屬的關心遭到這番回應，而心生「我好意給你建議，你居然不知好歹！」的埋怨。

同樣的情況也發生在「理解」層面。即使周圍的人都理解了，而自己雖然尚未理解，卻往往誤以為「我已經理解了」。

無論是工作還是日常生活，都不是單憑一個人的知識或理解就能完成，而是需要多位專家貢獻各自的知識與見解，互相支持才能達成目標。然而，人們時常將這樣的知識群體與自身混為一談。

例如，將自己略知一二的事情當作專業領域般侃侃而談，或者將電視上專家的意見當作自己的觀點大放厥詞。

這種不自覺地談論自己實際上並不了解的事，有時也會導致溝通失敗。此外，如前所述，即使只具備相當有限的知識，只要反覆述說，人們的記憶就可能遭到篡改，足以讓人誤以為自己「非常了解」。

一旦陷入這種情況，到頭來連自己都難以分辨自己真正理解的程度。

然而，這種現象並不全然是壞事。畢竟，人類也是動物，生存是首要任務。

與其花一年時間追求完美的理解，不如在一天內獲得不完美但足以做出判斷的知識，更有利於生存（前提是這些知識大致正確）。這種動物性的生存方式，或許就是造成大腦偏誤的根本原因。

重要的是，必須意識到自己「將外界的知識視作自己的知識」的思考偏誤，並清楚認知到自己的知識與專家的知識之間存在差距。

從認知科學出發的溝通技巧

看到前面的例子，有人可能會擔心：「如果有人來找我諮詢煩惱，我會不會什麼都回答不出來？」當我們已經認識到「別人的知識＝我的知識」這種認知偏誤時，又該如何應對他人的諮詢呢？

當我們成為一名聆聽者，首先要具備的是「聆聽的態度」。人們在感到不安或煩惱時，往往希望被傾聽。只要有人願意傾聽，心情可能就會平復許多。各位在工作或人際關係上遇到煩惱時，肯定也不想獨自承受吧？無論如何，試著將這些煩惱說出口，或許就能舒緩些許壓力，甚至在表達的過程中逐漸釐清混亂的思緒。

同樣地，對方也渴望被傾聽。人類是渴望表達的生物。大多數人比起聆聽他人，更喜歡分享自己的事。然而，真正重要的是專注聆聽對方。聆聽並不容易，因此**我們需要有意識地提醒自己「刻意傾聽」，並且全神貫注在對方的話語上。**

可以說，溝通的起點正是從認真聆聽對方開始。

將相關性誤認為因果關係的思考偏誤

當A和B兩個事件依序發生時，我們往往會試圖找出兩者之間的關聯性。例如，某天穿了紅色衣服碰巧遇到幸運的事，便認為「穿紅色衣服會帶來好運」，這就是典型的例子。

將實際上不存在因果關係的事件（偽相關），誤認為因果關係的情況相當常見。

所謂因果關係，意指A是導致結果B發生的直接原因。而偽相關是指存在其他因素（C），C與A和B都具有相關性，導致A和B之間看似存在直接因果關係，但實際上A並非直接導致B的原因。

例如，在測量兒童學習能力的調查中發現，「家中藏書量」與學習能力之間存在高度相關性。過去多份研究報告也證實了這個趨勢相當穩定。我們的調查結果同樣顯示，家庭藏書量與學習能力具有高度相關性。

然而，假使將這種現象解釋為因果關係，便會得出「父母買書（A）→孩子的學習能力提升（B）」的結論。如果依此推論，某家庭「雖不愛讀書，但經濟優渥，在家裡建了一座圖書館」，那麼，在這種環境下長大的孩子是否會因此變得更聰明？答案是否定的。

事實上，父母「買書」的行為背後還涉及其他因素（C），包含學歷、收入、求知欲等。這些才是影響孩子學習能力的真正原因。藏書量與孩子的學習能力雖然呈現一定程度的關聯性，但這種相關性是間接的，而非直接的因果關係。

比起相關性，世間真正的因果關係並非那麼容易被察覺。

另一方面，我們時常將許多事件描述得似乎存在因果關係，並賦予其故事性。例如：

「做不出成果是因為努力不夠（將努力和成果視為因果關係）」

「A公司終止合約是因為負責人偷懶」

「這份企劃書沒通過是因為○○部長心情不好」

大多數情況下，我們難以判斷這些推測的「因果」是否為真正的因果，抑或其實只是偽相關。

因此，當我們觀察到兩個事件之間存在相關性時，不應輕易斷定它們存在因果關係，而應考慮是否可能只是偽相關。比如買書、學鋼琴、在客廳學習、父母的高收入，真的能提高孩子的學習能力嗎？彼此之間真的存在因果關係嗎？或許是偽相關也說不定？在下任何定論之前，我們應該從這樣的角度再仔細思考。

「小世界」的認知偏誤

許多人會將自身的「小世界」作為「標準」，進而產生認知偏誤。我們的思維、經驗以及身邊人的觀點或經驗基準往往十分狹隘，但我們卻常以此為標準來看世界，認為「大家都這樣」、「這很普通」。這時所謂的「大家」，其實相較於世界的視角僅是滄海一粟。

近年來，社群媒體傾向推播與使用者意見相近的內容，加上演算法讓人們更容易接觸到「符合個人興趣」的資訊，以至於我們所接收到的資訊逐漸趨於單一化。這種現象與第一〇三頁介紹的「同溫層效應」相似，導致「小世界」的認知偏誤更加根深柢固。

如果我們未能意識到所謂「大家」或「正常」的定義，其實僅限於自身經驗和想像範疇內的狹隘認知，就可能造成對其他文化群體的歧視或否定。

職場上常見的「小世界」認知偏誤

這種「小世界」認知偏誤，在與「小世界」之外的人互動時，容易產生負面影響。尤其是近年來，隨著各行各業國際商務溝通需求日益增加，這類偏誤更容易導致誤解與摩擦。

本書第三五頁提到，不同語言詞彙的涵義體系各不相同。例如，「wear（穿）」

這個詞在日語與英語中的涵蓋範圍和所指行為存在顯著不同。因此，將日本商務中常見的用語直接翻譯成英語或其他語言，往往無法精準地讓對方理解你真正的用意。

舉例來說，日本人在商務場合上常說「我們會再檢討」，實務上通常隱含「拒絕」的語義。不過在與外國人溝通時，最好避免假設對方能理解這種弦外之音，而應該明確表達自己的立場。

再如，在日本也常聽到「關於這件事，請貴公司內部協調一下」這句話，但「協調」具體上是指什麼，即使在日本人之間有時也未必能達成共識。有時可能意指「請製作團隊與行銷團隊在本週內討論並得出結論」之類的具體要求。

日本屬於高語境文化（High-context cultures）的國家，即使語言表達不夠精確，也能溝通無礙，因此對話中往往習慣省略細節。

然而，這也正是日本這個「小世界」所引起的認知偏誤之一。**與外國人合作時，反而需要採取比自身觀感更為詳細，甚至稍顯囉唆、不厭其煩的方式說明，才能取得良好的溝通成效。**

連「善意」也受偏誤左右？

「小世界」的認知偏誤，不僅僅體現在對話或表達中。例如，在日本，「那個人很貼心」通常是一種正面評價——即使沒有開口，對方也能體恤（或揣摩）自己的意圖，這被視為一種美德。而不論當事者是否有意為之，上位者也可能期待下屬這麼做。

然而，有些國家反倒認為「不該做沒被要求的事」、「擅自行動很失禮」。因此，貼心與否的解讀，自然也受文化差異影響。

日本人的溝通，正是建立在日本這個特有的「小世界」價值觀之上。一旦企業因員工表現不如預期而批評其「不夠貼心」，或過度重視員工的「貼心程度」來制定招聘方針，那麼在未來需要與包括外國人在內，來自不同背景（換句話說就是擁有不同基模）的人共事時，就可能會面臨許多挑戰。

相對主義的認知偏誤

尊重並包容不同的價值觀、文化與生活方式極其重要，但若走向極端，則容易掉入**相對主義的陷阱**。對所有問題都抱持「每個人都不同，凡事各有利弊」的態度，可能會導致無法做出任何重要判斷。

假使我們全然奉行相對主義，甚至可能默許獨裁者的存在或戰爭，認為「這些都有其存在的理由」。倘若我們在面對關乎自身和社會的重要議題時仍採取此態度，無異於放棄對「在多元共融中，何者才是合理的行動？」的思考。

看似言之成理的相對主義論述，早已廣為流傳。而我們必須格外警惕這種相對主義的陷阱。

非A即B的認知偏誤

「如果不是A，那就是B」、「不贊成就是反對」。我們往往傾向以非黑即白的思維做出判斷，因為這樣更簡單易懂。

然而，事實上，許多議題或事件存在於灰色地帶，並且具有連續性。如果只考慮A或B，就可能忽略那些持中間立場的聲音，進而導致討論無法順利推進。

例如，在討論是否支持某個專案時，若僅限於支持或反對的選項，就會忽略「如果程序合規，我就贊成」或「我反對這個方案，但支持其他替代方案」等介於支持和反對之間的觀點。實際上，持中間立場的人往往占大多數。

「我也做得到！」的流暢性偏誤

你是否曾在觀賞電視上的烹飪節目，看著主持人介紹一道看似做法簡單的美味料理時心想：「這麼簡單，我也做得出來！」然而，當你興致勃勃地實際嘗試後，端上桌的成品卻常常「不如預期」。這種情況並不限於料理，運動、音樂、舞蹈等領域也同樣如此。

當我們看到別人駕輕就熟地完成某件事時，容易產生「我也做得到！」的錯覺。**這種因為「他人的流暢表現」而引起的判斷偏差，就是所謂的「流暢性偏誤」**。

流暢性偏誤也可能出現在言語表達上。當某人能夠滔滔不絕地將複雜的事情說明得淺顯易懂時，就容易取得他人的信任。

詐騙集團正是利用了這一點：他們往往以流利的口才和簡單明瞭的語言迷惑受害者，因此，就算內容空泛或漏洞百出，也能讓人深信不疑。

這些認知偏誤不僅會扭曲我們的判斷，也會阻礙有效溝通。

因此，不受認知偏誤所囿，保持「獨立思考」至關重要。而這也是促進理解、有效溝通的必要條件。

第三章

如何將認知科學應用於職場和日常生活？

靈活運用我們的認知天賦

在第二章中，我們以認知層面為核心，探討了人際間「各說各話」、「無效溝通」的種種情境，並分析造成這些現象的個人特質。

儘管人類擁有高度的認知能力，但在諸如：

「為了記住新事物而遺忘舊事物」

「理解過程中可能出現的記憶偏誤」

「對事物的模糊認知」

上述能力的運作機制下，有時反而成為導致「雞同鴨講」或「鴨同雞講」的

因素。相信各位讀者對這類情況必然都有深刻的體會。

人類優異的認知能力，居然也淪為無效溝通的元凶，實在令人遺憾。

即便如此，我們擁有的能力依然非常出色。

正因為擁有這些能力，我們才能思考辯證、才能對事物湧現好奇心、才能享受人際間的交流，以及本書最重要的主題——透過工作追求自我實現。

但另一方面，未能充分了解認知能力的特性，也的確會對我們造成各種困擾。

如同先前介紹的棋士案例，儘管每個人具備相同的認知能力基礎，但有些人就能將其發揮到極致，展現出超凡的成就。相信各位讀者也渴望激發自身潛能，在職場和日常生活中充分發揮，並且有效改善人際關係。

那麼，我們該如何靈活運用這些認知天賦，盡可能減少犯錯，創造更卓越的成果呢？本章將針對這一點深入探討。

換位思考

如同前面所述，要實現「我說你懂」、「你講我明」的有效溝通，絕非表達的一方「說完話就達成任務」。既然我們期待對方「理解」、內容「充分傳達」，就必須考量「訊息接收者」與「告知對象」的狀況。

相信大家在孩提時期都曾被告誡過「要站在對方的立場思考」。尤其在談到溝通時，「設身處地」被視為理所當然，也被視為只要有心就能做到的事。

此外，「設身處地」往往被歸類為一種「非認知能力」，同時也是品德教育課程等場合中的老生常談。

然而，**「站在對方的立場」、「將心比心為對方著想」並不僅僅是單純要求同理心。**

在商業領域中，這還意味著分析對方所處的情境，並據此提出適切的建議。

這與認知心理學所重視的「**心智理論**」與「**後設認知**」息息相關。

職場上「換位思考」的「心智理論」

心智理論意指「透過觀察他人在特定情境下的行為，進而推測、詮釋（推論）其想法」的心理活動。

想像一下，一名兩歲的幼兒正在看電視，父母則待在看不到電視畫面的空間。此時，父母當然無從得知電視正在播放什麼節目。

但年幼的孩子還無法理解這一點。他們認為自己看得到的東西，別人理所當然也看得到，因為**孩子們尚未具備想像「他人擁有不同的視角」的能力**。

這是每個人成長過程中必然經歷的階段。一般認為，人類大約在四歲以後才能理解「他人的視角」。換言之，推測他人的視角與心理活動，是認知思考中最困難且高度複雜的行為。

將這種高層次的認知思考運用在和自己不同處境的人身上，例如客戶或交易對象，便是商業中「換位思考」的核心內涵。

大體而言，**倘若一個人並不擅長設身處地為他人著想，很可能就是因為缺乏這種認知能力**。

你是為了誰「報告」？

在職場上，即使是例行性「報告」，能否「換位思考」會大幅影響其方式和內容。舉例來說，任職於大型企業的Z世代員工K，打從新人時期開始就不斷被告誡「彙報進度與協調溝通」的重要性。因此，被分派至目前部門的五年多來，每當推動某項工作時，他總會事先與直屬上司A部長約好時間提交文件，並在說完「請您確認一下」後便說明接下來的工作內容。某天，當他照例向A部長報告工作時，A部長卻突然反問K：

「你定期向我彙報工作，只是為了讓自己輕鬆一點嗎？」

事實上，K的確認為「彙報進度與協調溝通很重要」，況且「A部長應該也會想掌握進度」。然而，部長這出乎意料的反應，讓他驀然意識到內心深處那股「企圖推卸責任」的念頭。

也就是說，他向A部長報告的真正目的，是為了在出現問題時，可以推託說「已取得A部長同意」，從而為自己留下退路。而A部長一眼就看穿了下屬的逃避心理。

如果未能站在對方的立場設想，即使反覆知會與協調，最終也只是為了自己，更直白地說，是為了自保。

站在主管的立場「報告」

那麼，K應該如何進行彙報與溝通協調呢？

最糟糕的選項是，輕率地下決定「既然如此，索性先斬後奏，完成後再報告就好」，並擅自行動。因為部屬的職責範圍並不包括自主判斷哪些事需要上報、哪些事由自己負責。

那麼，我們該怎麼做？關鍵在於，避免以逃避責任的心態向主管報告，並且顧及上司的立場，展現出承擔的態度。例如，不妨以「這項專案我打算這樣推進，您怎麼看？」等說法來進行彙報。

此外，即使報告被指出錯誤，也不要僅僅修改被指正的地方後便草率提交，而是應該自行檢查是否還有其他錯誤，再對上司說：「我已經再檢查過一遍，麻煩您做最後確認」，或是以「如果沒有其他需要調整的地方，我可以接著進行嗎？」的態度處理。

成為主管或專業人士後，經常會被要求「請確認」各種事項。**然而，那些事真的都需要本人親自確認嗎？事實上，這種請求有時可能反映出對方企圖逃避應自行承擔的判斷責任。**

身為主管或專業人士，對於那些「請確認」的要求，有時也需果斷指出：「這件事其實並不需要由我來確認。」

透過這種方式，**雙方得以逐漸磨合彼此看不見的內心想法，進而更接近「換位思考」的目標**。

在職場上，我們常會使用或聽到「請確認」的要求，但其語意相當含糊，並且隱含著依賴對方的心理。不論你是提出請求的一方，或是被請求的一方，都應該在使用這個詞彙時自問：「我是否正在推卸責任？」

職場上「換位思考」的「後設認知」

讓我們進一步探討與「換位思考」密切相關的「後設認知」（Metacognitive）。「後設認知」一詞經常出現在正念等領域，相信不少人都曾聽過。簡單來說，就是「客觀看待自己的認知歷程」。

諾貝爾經濟學獎得主康納曼（Daniel Kahneman）在其著作《快思慢想》（*Thinking, Fast and Slow*）中指出，我們大部分的決策都是憑藉「直覺」完成。

康納曼將這種直覺式決策稱為「快思」（系統一思考），而需要花時間深思熟慮的智力活動稱為「慢想」（系統二思考）。書中指出，人的大多數決策實由系統一思考完成。系統一思考做出的決策，**不僅有效率，而且「大致正確」**。

然而，「大致正確」也意味著它有時會出錯，透過系統二思考來檢查這些錯誤，即是運用「後設認知」。

什麼是「回顧自己的思考歷程」？

「回顧自己的思考歷程」指的是檢視自身思考過程的能力，就像「檢查考卷」一樣。寫完考卷後，我們通常會再檢查一遍，確認答案是否正確。一邊檢查，我們同時會確認自己的思路是否清晰、答案是否完整、是否有粗心大意之處。這就是以客觀角度審視「系統一思考」結果的行為。

然而，有些孩子即使有時間，也不願檢查考卷。即使父母一再叮嚀「要檢查！」，他們仍不明白檢查的重要性。這或許是因為他們本來就缺乏後設認知的能力，或者尚未學會如何回顧與評估自己的思考歷程。

站在父母的角度來看，「利用多餘時間檢查考卷」似乎理所當然。但是對孩子，尤其是年幼的孩子而言，**「回顧自己的思考歷程」並非天生具備的能力**。

同樣地，在商業領域中，不擅長運用後設認知的人，通常也不擅於再次檢查自己製作的資料，或自我反省是否按照指示行動。因此，他們往往會被評價為「不夠細心」、「粗心大意」，或是將他們所犯的錯誤歸咎於非認知能力或性格等面向上。

然而，**「後設認知」既不屬於非認知能力的問題，也不是性格問題，而是一種重要的認知能力**。

能「換位思考」的人都這樣溝通

不論是商務談判或是提出新企劃，那些在任何職場上「擅長提案」、「左右逢源」、「機靈應對」的人，都毫無例外地具備優秀的「換位思考」能力。

接下來，我們將以工作中常見的情境為例，探討「換位思考」與「設身處地」的方法。

站在「讀信方」的角度撰寫電子郵件

各位是否曾經收過「讀到最後才明白內容主旨的電子郵件」呢？其實，從一封電子郵件就能看出一個人是否「能夠將心比心，為他人著想」。

如果缺乏換位思考的能力，寫郵件時會「只顧著表達自己的想法，而完全不考慮對方的感受」，最終信中就會流露出「以自我為中心」的態度。

事實上，我們往往會在不知不覺中，以「自我中心」的方式來撰寫文章。

那麼，我們應該如何在敘事或說明中融入「他人的視角」呢？我們可以從學術論文與大眾書籍的差異來理解。

過去，我長期針對語言發展、語言與思考的關係進行實驗和研究，並發表多篇學術論文。

撰寫研究論文之際，我也經常使用大量的專業術語。這是因為在同領域的專家之間，擁有共同的基模與知識體系，便於使用專業術語來說明特定概念。

與一般人的理解有所不同，心理學中的「思考」其實涵蓋「人類大腦進行的所有認知活動」。因此，我在寫給一般大眾閱讀的書籍《語言與思考》（ことばと思考，岩波新書）中，特別對此做出以下的說明：

許多讀者聽到「思考」這個詞彙，可能會聯想到深思熟慮的行為，更近似於「思索」的意象。然而，在心理學中，「思考」的範疇更為廣泛，通常指稱人類在心中（即大腦）進行的所有認知活動。例如，在自動販賣機前決定購買A公司還是B公司的罐裝咖啡，也是一種「思考」。

在學術論文中，只需兩個字就能表達的概念，在一般書籍中卻需要花更多篇幅來解釋。這是因為，撰文者必須以毫無認知科學或心理學背景的人也能理解的方式來撰寫。

此外，同樣是書籍，商業書和教養書的讀者群體也大不相同，撰寫時須選用適合的具體例子。簡單來說，寫作時必須事先設想讀者的樣貌。

同樣地，在職場上進行簡報或撰寫電子郵件時，也需要設想對方的理解程度來組織內容。例如，對方能否理解專業術語？是否需加入更淺顯易懂的解釋？列出什麼樣的具體例子才能引起共鳴？我們必須考量對方擁有的基模與自身基模之間的重疊程度。

如果你的上司或下屬對你的建議置若罔聞，很可能是因為你使用了他們無法理解的表達方式。

在預想對方反應的前提下寫成的電子郵件，即可清楚呈現重點閱讀的段落、應採取的行動，以及採取這些行動的理由。收件者從開頭幾行就能快速掌握重點。其餘附加的資訊則放在信末，並可明確標示「必要時再閱讀」。

至於文章應該怎麼寫呢？要以「寫作者的視角」，還是「讀者的視角」？如果是日記，自然以寫作者的視角就好。然而在工作場合，絕大多數情況下都需要以讀者的視角來撰寫。

寫完後重新讀一遍，確認能否讓對方在開頭幾行就掌握郵件的主題與重點。養成這樣的習慣後，自然而然就能擁有「設身處地」與「換位思考」的能力。

創造讓下屬敢於報告壞消息的環境

許多主管常為下屬不願積極回報或討論工作進度而感到困擾，卻往往忽略了問題的根源，可能在於自己「缺乏同理心」，未能設身處地為下屬著想。

下屬可能不明白「為何要回報或討論」，而主管也並未意識到這一點。一般來說，主管只會向下屬下達指令，例如：「我還沒收到這件事的報告」、「那件事的進度如何？」但即使如此，下屬感受到的也僅僅是被要求回報的壓力，卻無法理解「為什麼要這麼做」。

即使上司再三提醒要彙報進度與隨時討論，下屬感受到的就是「主管要求這麼做」。也就是說，下屬並不清楚「需要彙報進度與隨時討論」的真正原因。

據說某家製造商的業務團隊曾遇到類似情況。該公司的業務人員經常需自行開車拜訪客戶，而在公務過程中，難免會發生車輛輕微擦撞的意外。雖然公司規定「必須回報」，但由於刮傷車輛並不會引發懲處，因此，即使發生事故，多數員工仍選擇不回報。同一輛車在幾名員工輪流使用下，車上的刮痕愈來愈多。

那麼，應該如何解決這樣的問題呢？

告訴我這個故事的人說，後來，公司的主管向下屬傳達了一個關鍵訊息之後，員工的態度就改變了，日後即便車輛只是輕微擦撞，他們也會主動回報。

那位主管是這麼說的：

「現在人手一支智慧型手機，拍照、上傳網路輕而易舉。如果發生事故，第一時間拍照並聯絡公司，就能即時掌握狀況。但若直接被上傳網路，造成負面消息擴散，後果將不堪設想。不僅開車的同事可能被肉搜，公司形象也會因此受損。所以，請大家務必在事情擴大之前，盡快回報。」

在此之前，下屬認為「回報」形同「承認自己犯錯」。但在聽了主管這番話後，他們明白「回報」其實是為了「防止事故發生後可能引發的網路危機」。

由此可見，**在缺乏報告、聯絡、討論的職場，經常存在雙重問題：下屬不明白這麼做的重要性，而管理階層也並未察覺到下屬的認知落差**。

因此，當上司要求下屬彙報進度與隨時討論時，務必清楚說明這麼做的目的，才是「換位思考」的溝通方式。

順帶一提，這樣的溝通也適用於「孩子不愛唸書」的情況。孩子可能不明白「為什麼要唸書」，而父母卻沒有意識到這一點，只是一味地催促「去唸書」。結果，不僅難以激發孩子學習的興趣，反而加深了他們對學習的反感。

關注「情緒」

想要做到「有效溝通」、「精準傳達」，就不能忽視情緒的影響。這裡所說的「情緒」，不僅包含對方的情緒，也包含自身的情緒。

人的行為往往與情緒密不可分。即使當事人未察覺，也會受到情緒波動的影響。

說到這裡，或許有人會認為，「工作時摻雜個人情緒，是二流人才的表現。」

然而，這種說法並不完全正確。

「情緒化」經常被視為一種「麻煩的性格」。

如果情緒過於強烈，比如在職場上怒氣沖沖地對他人大吼大叫，那確實是不可取的二流表現。

但我們不能忽視那些細微的情緒和個人情感，它們往往對我們的思考與行動產生深遠影響。畢竟，沒有人能完全不受情緒影響而做出判斷，每個人都可能將情緒帶入工作中。

我在第一四六頁談到，「神聖的價值觀」與情感的重要性有著相似之處。許多人可能認為「自己的判斷與決策是基於理性」，但事實並非如此。根據許多認知心理學和腦神經科學的研究顯示，**人們在選擇和決策時，往往先憑情感，簡單來說，就是依據自身「喜歡或討厭」來判斷事物，然後再「事後諸葛」加上「合理的藉口」**。關於這一點，將在下一節詳細說明。

理性與感性

但我並非主張憑情感做決定就是不理性。解剖學家養老孟司在《養老孟司特別講義：照護的思維》（養老孟司特別講義：手入れという思想，新潮文庫）中，引用哲學中著名的比喻「布里丹效應」（Buridan's ass），闡述憑藉情感決策的合理性。

書中提到，驢子在西方常是愚蠢動物的象徵，如果讓一隻飢餓的驢子站在兩堆完全等量的乾草之間，牠可能會因為無法決定吃哪一堆草而餓死。接著，養老孟司進一步指出：

假設不是愚蠢的驢子，而是一臺只會進行邏輯計算的高階電腦，會發生什

麼情況？電腦會試圖計算哪一堆乾草更值得吃，因為它是邏輯機器。（中略）

電腦很聰明，會運用邏輯找出解決方案，可能會使用聲納或雷射，總之它會測量兩邊的乾草重量。最終顯示，兩邊的重量一模一樣。（中略）

然而，生物並不會這麼做，牠們會帶入強烈的偏見。而且，這種偏見由意識所掌控。我們通常稱這種偏見為情感，也就是喜歡或討厭。（中略）

只要理解到可以對資訊加上係數，也就是進行加權，就能明白情感看似不合理，實際上卻極具合理性。

這是一個極具啟發性的觀點。當一切計算完成後，若仍無法分出優劣，電腦便無法做出決定。但生物可以。這正是因為生物擁有情感，而情感本身就是一個合理的系統。

這裡所謂的「情感」，未必意指明顯的表情或態度，而更趨近於直覺上的

「喜歡」或「討厭」。

德國心理學家蓋格瑞澤（Gerd Gigerenzer）曾在其著作《直覺思維：你超越邏輯的快速決策天賦》中，詳細探討了這一點。

書中介紹了一場實驗：人們在做選擇時，例如挑選果醬，常常因猶豫不決，最後選擇最初吸引目光的那一個。換言之，人們先產生「我喜歡這個」的情感，再以此為基礎做出決定，隨後才透過理性思考來驗證這個選擇。

這說明了**情感有時能反映出優秀的「直覺」**。蓋格瑞澤將這種直覺稱為「本能反應」（gut feeling），也就是我們常說的「預感」或「內心感受」。

據說將棋高手在思考棋路前，會對好棋產生「好的感覺」，對壞棋則產生「不好的感覺」。因此，我們的判斷在很大程度上受到情感影響，而這種情感判斷也具有一定的合理性。

在現實世界，如同新冠疫情爆發期間，我們每天所面臨的事件並非總有足夠數據支持我們做出判斷。在日常生活與工作中，我們也經常需要在資訊不足的情況下做出選擇，並且確實一直這麼做。

「等到所有數據都蒐集齊全後才做決定」，反而可能錯失良機，甚至被視為一種不理性的行為。

做出更佳判斷的情緒能力

情感無時無刻都在我們內心運作，深刻影響著我們的判斷。儘管情感有時可能蒙蔽理性，但它同時也是我們做判斷時不可或缺的要素。

因此，為了更有效地溝通、做出更明智的決策並引導專案邁向成功，我們必須更加重視情感的作用。

當然，所謂「重視情感」，並非意指狹義上的「訴諸情感」，而是要更深入理解和運用情感在溝通與決策中的影響力。

不論理由充分與否，只要「有理由」就有理？

接下來，我們來看一個有趣的實驗，探討理由與情感之間的關係。這是由哈佛大學心理系教授蘭格（Ellen J. Langer）等人進行的「插隊成功率研究」，揭示了不同請求方式如何影響插隊成功的機率。

① Excuse me, I have 5 pages. May I use the xerox machine?

「不好意思，我有五頁要印。可以讓我用一下影印機嗎？」

② Excuse me, I have 5 pages. May I use the xerox machine, **because** I have to make copies?

「不好意思，我有五頁要印。**因為**我得影印，可以讓我用一下影印機嗎？」

③ Excuse me, I have 5 pages. May I use the xerox machine, **because** I'm in a rush?

「不好意思，我有五頁要印。**因為**我趕時間，可以讓我用一下影印機嗎？」

上述請求的成功率如下：

① 六〇%

②九三％

③九四％

①是沒有任何「理由」的請求方式。這種情況下仍有六〇％的成功率。

成功率最高的是③，以「**因為**我趕時間（**because I'm in a rush**）」的理由請求，成功率高達九四％。

但是，②的結果出乎意料。這種請求方式雖然提供了一個看似合理的「理由」：「**因為**我得影印（**because I have to make copies**）」，但無論是正在影印的人還是排隊的人，大家的需求都是一樣的。按照常理，這並不構成插隊的正當理由。然而，成功率卻幾乎與第三種方式旗鼓相當，這一點著實令人驚訝。

我在第一九一頁就提到了「理由」的重要性，而這項實驗再次證明了「說明理由（because）」的力量。

在禁止某事或提出強烈要求時，很容易引起對方情緒波動。但**只要附上一個理由，就更容易讓對方接受**。牢記這一點，絕對有益無害。

這個原則同樣適用於請求他人幫忙的情境，不僅能提高對方答應請求的可能性，還能避免不必要的衝突。

在日本的組織中，特別是行政機關，往往會忽略情緒及情感的重要性。他們經常在未充分說明理由的情況下單方面發布通知；即使聲稱會「仔細說明」，實際上卻從未清楚解釋決策的背景和依據，只是一再重申預設的結論。

真正的「仔細說明」不僅需要清晰地闡述令人信服的理由和根據，更需設身處地，顧及對方的感受與理解程度，避免淪為單向宣告或重複同樣的話語。這正是溝通過程中，關注情緒為何如此重要的原因。

將情緒化為助力的溝通訣竅

許多傑出的商務人士都認為自己是出於「理性」來進行判斷和決策。然而，如同前文中提到，處事上要完全不受自身情緒或情感左右極為困難。而我們做出的每個決定，或多或少都受其影響。

想必許多人都曾經歷過「明知道某件事很重要，卻因情感上的抗拒而無法妥善處理」的情況。

例如，我們在簽訂新的智慧型手機合約時，幾乎都會拿到一份密密麻麻的說明文件，並得聽取一段冗長的說明。

身為「顧客」，雖然明知應該仔細了解合約內容，但心理上難免會產生抗拒。另一方面，負責說明合約的公司方又是怎麼想的呢？我認為，這類文件和說明之所以如此繁複冗長，很大程度上是為了避免「奧客」帶來的風險。可如此一來，反而導致多數客戶無法掌握重要事項，造成本末倒置。但從公司的立場來看，為了避免顧客無理取鬧，只好採取防禦姿態，將顧客視為潛在的「敵人」。這種應對方式，自然難以建立良好的溝通。

換作是公司職員，或許還能忍耐著完成工作。但感受到「防禦姿態」的客戶自然會感到不悅，以致雙方無法進行有效溝通。事後如發生糾紛，也容易出現「各執一詞」的僵局。

那麼，究竟該怎麼做，才是兼顧情緒及情感的溝通方式呢？

說明理由

如前所述，「理由」對情感有著極大的影響。如果你希望對方提交報告，就應該告訴他「為什麼要提交報告」；如果你希望對方耐心聆聽複雜的說明，就應該解釋「為什麼需要聆聽這段說明」。**說明「為什麼」**，往往能夠產生顯著的效果。

當然，你在說明「為什麼」時不能過於自我中心，例如「我想知道，所以你要報告」，或者「我要解釋，所以你必須聽」。這麼說顯然無法引起共鳴。相反地，我們必須設身處地，站在對方的角度思考。

拉近情感距離

我們的情緒往往會受到一些看似微不足道的小事影響，有時連自己都沒有察覺。但反過來看，只要從小事著手，或許就更容易顧及對方的情感。比如穿著打扮就是一個很好的切入點。

F是一位任職於大型綜合建設公司的上班族。他平時上班會穿西裝外套，但在拜訪客戶時，則會盡量配合對方的穿著。例如，前往工地或作業現場，他會換上工作服；若對方穿便服，他就改穿輕鬆的服裝；對方穿正式西裝，他也以正式服裝出席，以示尊重。他表示：「只要穿著和客戶相似，就能拉近彼此的距離，也更好溝通。」

你也可以效法F，從外在開始改變，進一步促進雙方的溝通與理解。

共享煩惱

煩惱與情感息息相關。一位成功的商務人士曾告訴我，**只要懂得分享煩惱，就能將情感化為助力**，拉近彼此的距離。例如，在銷售時試著分享自身經驗：「我在現場這樣做，狀況就順利改善了！你要不要也試試看？」

如此一來，對方可能會產生共鳴，心想：「原來他也有一樣的煩惱！」進而讓雙方站在同一個立場，建立信任感。此時，情感便開始發揮作用。換言之，只要懂得分享煩惱，就能將情感化為助力。

比如一位英語流利的歸國子女向你推銷新上市的教材，他說：「使用這套教材，你就能說一口流利的英文。」這番話術或許難以打動你。但如果同一個人拿著一本他曾使用過的教材，對你說：「我以前完全不會說英文，但因為很想出國留學，所以使用這套教材學習，很快就學會了。」你是否會因此想「試試看」呢？

姑且不論教材內容優劣，但後者的確更具說服力。這正是因為他分享了「不會說英文」這個與你相同的煩惱。

發洩情緒無法解決問題

在系統公司工作的E，因為對合作公司的負責人使用情緒化的言詞，兩度被上司警告。上司質問他：

「你說話太尖銳了。平常明明不會這樣啊，到底是怎麼回事？」

E之所以動怒，是因為從合作公司交付的產品中發現了許多瑕疵。E認為與合作方共同開發的目的是製作出更好的產品，因此在不知不覺中，認為只要是出於此目的，即使嚴厲地對待合作方也無妨。他將目的當作發洩情緒的藉口，逐漸控制不了自己的情緒。

然而，如果想讓專案成功，就必須針對產品的瑕疵與對方深入溝通。對方為什麼會出現失誤？製作過程中遇到哪些困難？或是，公司內部是否發生變故？必須主動探詢，並以「我能不能幫你們做些什麼」的態度與對方溝通，才能真正解決問題。

比如可以這樣問對方：

「我可以幫上什麼忙？」

「我們可以一起做些什麼來改進？」

當多個團隊共同執行專案，經常會因某個團隊延誤而導致整體作業停滯不前。

此時，有些人會抱怨：「都是那個團隊害我們延誤。」但也有人會開始思考：「我能為那個團隊做些什麼？」

有些人看事情只從自己的立場出發；但也有人能將心比心，為他人著想。組織需要的正是像後者這樣能夠換位思考、綜觀全局的人。

「為什麼你做不到?!」

質問對方很容易，但設身處地替對方著想，並與對方一起解決問題，才是真正的智慧。在職場的各個層面，同理心和為對方設想的能力都是不可或缺的。

避免「會錯意」與「溝通失誤」

同一句話，出自不同的人口中，理解的難易度也會有所差異。

尤其當主題稍顯複雜時，例如說明新制度、發表新企劃、解釋突發意外或報告失敗原因等，而非單純陳述「本期銷售額為〇〇元」這種顯而易見的事實，表達能力的差異就會更加明顯。

擅長解說的人通常具備一項特質，那就是能夠「**在具體與抽象之間靈活切換**」。

具體與抽象——語言溝通的局限性「為何有些話總是說不清楚？」

「抽象」意指從眾多事物或整個事件中，找出共同的性質或特徵，並將其概括為一般概念；「具體」則指稱能被直接感知和認識的形式或內容，是抽象概念的一個實際例子。

例如，「三角形」是一個抽象概念，而畫出來的正三角形則是「三角形」這個概念的一個具體例子。這個正三角形無疑是三角形，但世上也存在不是正三角形的三角形。

如果要向孩子解釋「什麼是三角形」，與其用抽象定義「不在同一直線上的三點，以及連接這三點的三條線段所組成的圖形」來解釋，不如實際畫出來，更容易幫助他們理解。

具體化能提高理解程度。這不僅適用於解釋三角形，也適用於其他情境。例如在職場上，與其叮嚀新進員工：「要注意ＴＰＯ（時間、地點、場合）。」不如直接說：「這次會議請穿著正式西裝並打領帶出席。」這樣更具體，也更容易理解。

然而，**具體化也存在局限性**。**它往往只能說明「單一情境」，而無法涵蓋全貌**。

我們無法光憑個案來理解全貌。為了真正掌握概念，必須將具體案例這種「點」狀知識，擴展為「面」狀知識。

反之，**抽象化能幫助我們掌握全貌**。然而，如同前述三角形的例子，抽象概

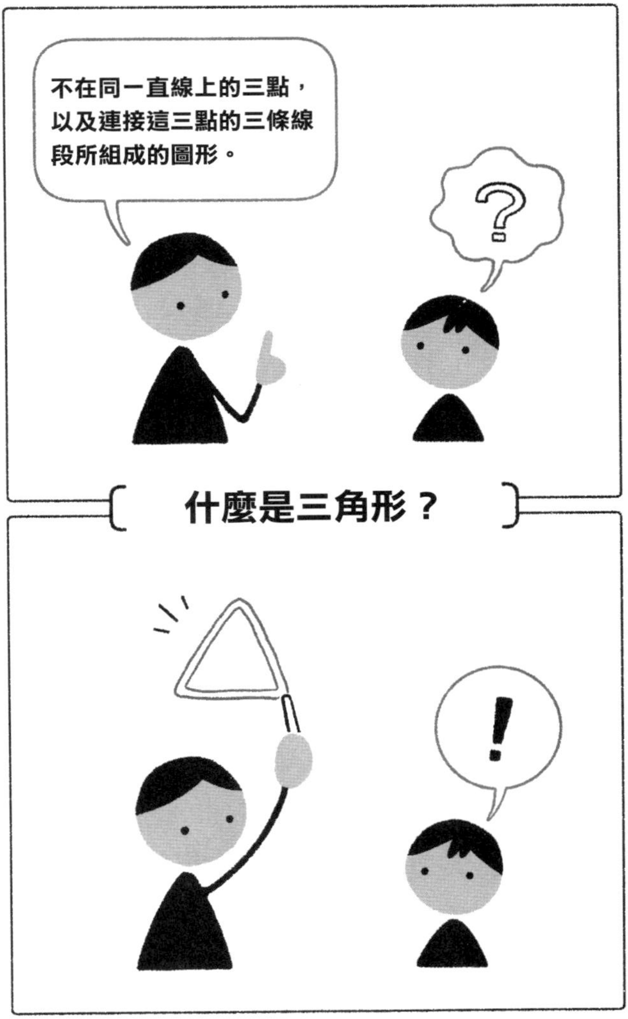
不在同一直線上的三點，
以及連接這三點的三條線
段所組成的圖形。
？
什麼是三角形？
！

具體化更明白易懂

念一開始往往難以理解。如果是「不在同一直線上的三點，以及連接這三點的三條線段所組成的圖形」，經過仔細想想或許能明白指的是「三角形」，但換成更複雜的事物，就需要具體例子的輔助。

即使我們沒有特別意識到，日常生活中，我們幾乎每天都**自然而然地**在具體與抽象之間來回切換，理解事物或向他人說明。

這是一種非常出色的能力，但也**正因為這種能力是「自然而然」進行，所以往往帶來挑戰**。「說明任何事物時，應該具體到什麼程度？抽象到什麼程度？」對任何人來說，都是難以回答的問題。

此外，即使對方具體地說明，我們也難以判斷應該將其抽象到何種程度，才能真正理解對方想表達的意思。而若具體化的方式有所偏差，也可能導致對抽象理解不足。

混淆具體與抽象的常見錯誤①：將個案誤認為普遍規律

在具體與抽象之間經常出現的一種錯誤，就是將具代表性的個案，誤認為是該概念所涵蓋的全部範疇。

有些年幼的孩子無法將指針式時鐘（圓形錶盤，帶有時針、分針和秒針）和數位式時鐘（通常為方形錶盤，以數字顯示時間）都視為「時鐘」。有些孩子認為指針式時鐘是時鐘，但數位式時鐘不是；也有些孩子認為數位式時鐘是時鐘，而指針式時鐘不是。

這是因為他們只將家中使用的時鐘視為「時鐘」。家裡只有指針式時鐘的孩子會認為：「時鐘就是圓形的，裡面有數字，還有一根長針和一根短針。」家裡只有數位式時鐘的孩子則會認為：「時鐘就是在數位螢幕上顯示數字的東西。」對他們而言，「平常看到的時鐘，就是他們對『時鐘』這個概念的全部理解。」

因此，如果對一個認為「時鐘＝指針式時鐘」的孩子說「拿時鐘過來」，而房間裡只有數位式時鐘，他可能無法理解你的意思。

這種在連結具體與抽象時發生的錯誤，即便在成人世界也並不罕見。因為具體與抽象的連結，往往受到文化與習慣的影響而有所不同。

例如，在無法進行密切溝通的情況下，你粗略地對下屬下了一道指令：

「準備預算資料。」

如果接到指令的是一名剛進公司的新人，對方可能還不清楚預算資料應包含哪些內容，該怎麼辦呢？或者，他在前一家公司處理過類似的預算資料，並誤以為這次的要求與之前相同，又該怎麼辦？

於是，「明明下達了指令，卻沒收到需求資料」的情況屢見不鮮。

混淆具體與抽象常見的錯誤②：將不同類別的事物誤認為同一類別

讓我們回到孩子與時鐘的例子。

當孩子認定時鐘就是「圓盤中有數字，以及有長針和短針的東西」，可能會將傳統的指針式磅秤、溫度計、溼度計等物品都視為時鐘。

如果你對他們說：「這個房間不需要時鐘，把時鐘丟掉。」他們很可能會連同指針式磅秤等一併丟掉。

這正是具體與抽象連結錯誤的一個典型案例。

同樣的情況也可能發生在成人身上。

例如，當主管指示銷毀已完成的專案資料，而接受指示的人卻將其他不相關的資料也一同銷毀。

事後主管可能會大發雷霆：「我明明沒叫你這麼做，為什麼自作主張！」但執行的員工可能會備感委屈，心想：「我明明是按照主管指示處理，居然還被破口大罵？」甚至覺得主管蠻橫無理，一氣之下辭職不幹。

抽象度愈高的概念，要讓對方理解就需要更多具體的例子輔助。關鍵不在於從單一的點擴大到面，而是以多重觀點、略有差異的例子為起點來進行抽象化。

但是，另一方面，**我們無法直接告訴對方，這些例子要具體到什麼程度，才能涵蓋在整個抽象概念中。對此，我們只能逐一確認「這是否屬於該概念」**。

順帶一提，孩子會逐漸理解到，數位式時鐘、指針式時鐘、掛鐘、鬧鐘、手錶，甚至日晷、水鐘等形式各異的物品，其實都是時鐘。同時，他們也能逐漸區分磅秤、溫度計、馬錶等形狀相似，但並非時鐘的物品。

最初，「時鐘」的概念可能僅與「圓形、有數字，並配有一根長針和一根短針」這樣的具體例子連結。然而，隨著孩子在外面接觸到更多種類的時鐘，具體的例子逐漸累積，概念也逐步抽象化，「時鐘」這個類別的意義便得以確立。他們也能區分出，即便外觀相同，但若無法「顯示時間」，那就不是時鐘。

這個過程需要高度的認知能力。

混淆具體與及抽象常見的錯誤③：具體與抽象之間原本就缺乏連結

過去，當學校老師對學童說：「遠足的零食最多不能超過三百日圓。」學童就會反問：「香蕉算零食嗎？」

這是因為，孩子們對於「香蕉」這個具體事物是否屬於「零食」這個抽象概念感到疑惑。由於具體與抽象之間缺乏正確的連結，認知上自然會出現偏誤。

「香蕉是不是零食」這一點還不至於引發太大的爭議。但實際上，像這類**基於具體與抽象的錯誤連結，卻是許多爭議與糾紛的源頭**。

例如，不論簽訂哪一種合約，通常會在開頭明確定義該合約的規範事項。如果是房地產契約，會詳細說明是哪棟建築物的哪個部分；如果是醫療保險契約，則會明確列出保障範圍內的疾病或傷害。

正確連結抽象與具體，是我們必須具備的一項重要能力。

乍聽之下，正確連結具體與抽象似乎很簡單。但是，當話題本身的抽象程度提高時，要正確連結具體與抽象往往變得極為困難。

我們不妨以「數字」為例來進一步說明，因為數字同時涉及了具體與抽象。例如，當我說「有二十三個蘋果」，比起說「有很多蘋果」更為具體。但若採用「將整體視為一，占其中多少比例」的思維方式，也就是分數的概念來思考，抽象程度便瞬間提升。

事實上，多數孩童在理解「數字的抽象概念」時都面臨困難。我們的研究團隊開發了一項用於發現小學生學習障礙的測驗，稱為「達人測驗」。二〇二〇年，我們在廣島縣福山市三所小學進行調查，其中，三年級一六七人、四年級一四八人、五年級一七三人。你認為他們答對以下問題的比例分別是多少呢？

問題：1／2和1／3，哪個比較大？請圈出比較大的數字。

正確答案：1／2

這道題目的答對率，三年級為一七．六％、四年級為二二．四％、六年級也只有四九．七％，全都沒有超過半數。

然而，如果將問題轉換為具體情境，例如：「把六個蘋果平分給兩個人，以及把六個蘋果平分給三個人，哪種情況下每人分到的蘋果比較多？」答對率便顯著提升。

由此可見，**學童在面對數字的抽象概念時，往往難以自行轉換為具體例子思考。**

在孩童的認知發展過程中，有關數字的抽象概念往往是一大挑戰。

孩子具有「數字等於自然數」的信念（基模）。從嬰兒時期開始，他們就認為數字與「物品」相關，例如「六個蘋果」。然而，1／2或1／3這樣的分數與這種基模並不相容。如果不修正多年來建立的基模，就很難理解「一個母體（被平分）」的概念。

由於對分數的意義缺乏理解，有些孩子會形成錯誤的基模，認為「無論是分母或分子，只要數字愈大，數值就愈大」。他們可能會認為「1／3比1／2大」，這是因為分子相同，而分母三比二大。這類錯誤抽象化的例子並不少見。

這種與數字相關的錯誤連結，通常會在多年的學習歷程中逐步修正。不過，有些基模卻難以改變。因為並非所有人都擅長修正自己的基模。

舉例來說，你是否遇過「對數字一竅不通」的商務人士？他們可能會在預算書中犯下金額差了好幾位數的錯誤；或是在開立的請款單上多寫或少寫一個位數，卻渾然不覺；又或者，制定了絕對無法實現的工程進度表。

這些人或許直到成年，都未能成功建立起「數字」這個抽象概念，無法將這樣的概念與金錢、時間等具體事物建立起有效連結。

順帶一提，即便是 ChatGPT 等生成式ＡＩ，直到二〇二三年仍無法正確解答比較分數大小這類題目。這表示生成式ＡＩ仍未具備理解抽象數字「意義」的能力。

由於生成式ＡＩ的推論過程與人類不同，它並不需要我們所謂的「意義」來運作。因此，**生成式ＡＩ的思考邏輯與人類並不相同。換句話說，無論我們多麼頻繁地使用生成式ＡＩ，都無法藉此提升我們的思考能力**。我會在最後一章詳細討論這個問題。

抽象化有助於記憶

讀到這裡，有些人可能會認為「抽象化」十分困難，甚至堅信「工作上的指令都應盡量具體明確」。

然而，遺憾的是，我們無法讓所有事情都停留在具體層面。**如果將大量的具體資訊儲存在記憶中，大腦會因資訊量過大而負荷超載。因此，我們需要透過抽象化來減輕記憶負擔。**

具體事物會加重大腦負擔這一點，我們可以用以下例子來說明：

假設有一天，一隻三花貓從你面前經過。隔天，又有一隻三花貓經過，請問，這兩隻是同一隻貓嗎？

事實上，除非兩隻貓的體型存在明顯差異或其他特徵，否則大多數人無法判斷是否為同一隻貓。

這是為什麼呢？

因為我們通常會將那隻貓抽象化為「三花貓」，或簡單地以「貓」來記憶。由於記憶是抽象化的，無法據以判斷兩隻三花貓是否為同一隻貓。但當我們遇到另一隻貓時，無論牠的毛色或體型為何，我們仍然能認出牠是一隻「貓」。這就是視覺資訊經過抽象化處理的結果。

近年來，愈來愈多商業書籍運用統計學知識，也是基於同樣的道理。隨著科技進步，我們可以輕鬆蒐集顧客資料、銷售業績等各種資訊。然而，很少人會試圖將所有個別數據和趨勢記在腦中並直接運用。相反地，我們傾向於將顧客依年齡、地區、特徵等分組，也就是進行抽象化處理。如此一來，我們就能掌握單獨觀察時無法察覺的趨勢和特徵。此外，遇到新顧客時，也能將其與過去的顧客進行比較，進而做出更精確的詮釋與判斷。

如果我們在日常生活中不進行抽象化，而是將每件事物都視為獨立的存在，那麼每次遇到新事物時，都必須回想大量的資料，並與眼前的情境進行比對，才能做出正確的判斷。即便是愛貓人或優秀的商務人士，都會覺得大腦的負擔過於沉重吧。如同前文所提到，同為記憶裝置，大腦遠遠比不上最新的 iPhone。因此，**為了記住真正需要的資訊，我們必須根據需求，靈活調整資訊具體化和抽象化的程度**。

抽象化有助於理解

透過抽象化，我們能自行建立一套概括性資訊，這種概括的形式被稱為「表象」（representation）。例如，你腦海中的「貓咪形象」就是一種視覺表象，而表象的種類其實相當多樣，除了視覺表象，還包括語言表象、邏輯表象等。

我們在閱讀時進行的資訊處理，也可以看作是建立表象的一種行為。相信各位讀者讀到這裡，不可能記住書中的每一句話吧？即使逐字逐句閱讀，那些具體的文字也會隨著時間逐漸淡忘，只留下概略性的內容。

除非是特別令人印象深刻的句子，才可能長時間停留在記憶中。但即使如此，頂多也就是那一兩句而已。

我們之所以能繼續閱讀，是因為在腦海中建立了一個「書中寫了這些內容」的邏輯表象。隨著持續閱讀，這些「表象」會不斷更新。

我們並非去記住每個字句，而是像速寫一樣捕捉大致的內容脈絡。這種抽象化的過程，正是我們大腦用來「理解」事物的重要機制。

換句話說，我們透過抽象化來理解和記憶事物。

所有語言都是抽象化記號——壓縮資訊的工具

更進一步說，「語言」本身就與抽象化的概念密不可分。

例如，將眼前盛開的紅色花朵稱為「花」，就是抽象化的結果。我們看到的具體花朵，在化為語言的瞬間，就成了一個抽象的概念。

在描述某件事時，我們往往也只會提及其中具代表性或令人印象深刻的部分。即使我們試圖具體描述，也無法面面俱到，因為過度細節化反而會阻礙表達，聽者也不容易記憶。

透過語言進行抽象化，我們能夠壓縮大量繁瑣的資訊。即使是一幅數萬畫素的圖像或一部容量高達數千位元的影片，只要用語言描述，就能大幅減少資訊量。如此一來，就能在不造成記憶過大負擔的情況下，快速理解資訊。

例如，我們會從「雪景」這個詞彙，聯想到某個意象。雪景在辭典中的定義是「下雪的景色」、「積雪的景色」。符合此定義的具體風景不計其數。即使我們並不常見或不熟悉雪景，只要根據自身所建立的表象，就能賦予「雪景」這個抽象化詞彙某種意義，並加以運用。

簡言之，**語言不僅能將資訊壓縮到人類便於處理的程度，也能讓我們同時從語言中，想像出具體的意象**。

靈活運用具體與抽象的必要訓練

然而，我們並非天生就會運用語言，必須透過後天的學習。這種抽象化的能力，也是隨著語言習得日積月累而成。

前幾天，一位四歲女兒的媽媽苦惱地說：

「不論是在電車上還是走在路上，我女兒只要看到難以判斷年齡的女性，就會指著對方問：『媽媽，那個人是歐巴桑嗎？』真是傷腦筋。」

這個小女孩其實正在試圖理解並定義「歐巴桑」這個抽象的詞彙。

稍微岔開話題，日語中的「歐巴桑」定義其實相當模糊，這個詞除了用來稱呼父母的姊妹，也可以泛指特定年齡層的女性。可是，有時遇到該年齡層的女性，我們卻會改稱她們為「姊姊」。這是一種容易受到語境和主觀判斷影響的用法。

許多人認為「說明太抽象」往往等同於「難以理解」，但語言本身就是一種抽象化工具。**透過將資訊抽象化為某種表象，我們更容易處理、記憶這些資訊，並將其靈活運用於不同情境中**。

然而，**抽象化的語言能否像「雪景」般，在對方的腦海中精確地喚起具體意象，並被正確地歸類在適當的範疇，才是判斷「說明是否淺顯易懂」的關鍵。**

在具體與抽象之間，思考「如何有效說明與傳達」

這一節的最後，我們來思考「具體」與「抽象」這兩種概念，以及如何在利用抽象化優勢的同時，確保訊息能夠被正確理解。

關鍵就在「例子」。我們在描述事物時，少不了運用語言這種抽象化的符號。但真正能讓人理解的說明，往往需要借助具體的例子來輔助。透過例子，能幫助聽者在腦海中清楚描繪出我們想傳達的意象。

因此，我們在說明時，應該多列舉幾個甚至大量的具體實例，以便更清楚地界定所討論的概念或事物範疇，從而降低誤解或出現歧義的風險。

然而，我們也需要警惕「只舉一個強烈的具體例子」的陷阱。單一例子容易因其過於鮮明，而導致被過度抽象化或概括到錯誤的方向。特別要注意，不要讓對方僅僅透過一個例子，就認為「大家都是這樣」。

當我們試圖解釋「面」這個概念時，可以提出多個「點」的具體例子來輔助說明，**讓對方明白這些例子只是「面」的一部分，而非等同於整個「面」**。

抽象化有助於人們理解和記憶。本書的主題之一「語言」，正是抽象化的最佳例子。

當你想傳達訊息時，請務必確認你的說明是否涵括「具體與抽象」兩種要素。你必須兼顧「對方的理解角度」，並在說明中靈活切換抽象與具體的表達，才能有效引導聽者進入我們想要傳遞的思維框架。

透過ＯＪＴ消弭具體與抽象之間的差距

在職場中，單純依賴課堂學習往往過於抽象，結合「在職訓練」（On the Job Training，簡稱ＯＪＴ）與課堂學習，能更有效地提升學習成效。邊工作邊學習的優勢在於，實際業務可以作為一種「具體」的輔助，彌補課堂學習中「抽象」層面的不足。

從人類學習的角度來看，ＯＪＴ的確是一種非常有效的學習方式。透過與前輩一同工作，不僅可以將課堂所學與實務結合，還能獲得全新的觀點，進而意識到自己的成見或盲點。同時，前輩也能藉由觀察新人對某些事物感到驚訝、疑惑或挫折的反應，重新審視自己的工作方式，甚至從新人身上汲取靈感。透過與新人共同探討更佳的工作方式，有時還能促進現行流程的改進。

同樣地，相較於「被動學習」，「偷學」與「觀察學習」的效果往往更加顯著。許多名廚或甜點師傅在學徒時期，會舔舐鍋子上的醬汁或品嘗顧客吃剩的食物，以此偷學師傅的技藝。這種主動觀察與模仿的學習方式，能讓人在相同的時間、相同的環境中獲得更大的成長。是否抱持著「偷學」的意念，往往決定了可能的成長空間。若只是被動等待，成長與成功都不會憑空降臨。

「偷學」並非單純觀看別人怎麼做，而是透過自主分析、建立假設並進行驗證的過程。以廚師為例，「偷學」可能是品嘗鍋子上的醬汁，分析其中的食材和配方，思考為什麼自己無法重現這種風味，並實際嘗試改進。關鍵在於，能否持續以這樣的方式學習成長。

頂尖的人才都是透過「偷學」逐漸成長，因此他們深知「教了也沒用」的道理。他們很清楚，被動學習無法讓人脫穎而出，成為一流人才。

語言學習也是如此。即使背誦大量的英文例句，但若只是一味死背例句，這樣的學習也毫無意義。

被動學習容易受到母語基模的影響，導致大部分資訊無法長久留存在記憶中，最終隨時間流逝。

重點在於，你能否意識到「自己正受到母語基模的支配」？你能否積極聆聽與閱讀，以突破這種限制？即使你已經能寫出語法正確、「看起來自然通順」的英文，是否還能持續精進，追求更好的表達方式？

透過母語基模理解的英文，與英語為母語的人使用的英文有什麼不同？如果你能持之以恆地分析這些差異，或許就能逐漸運用英文的基模來思考與表達。

解讀「意圖」

我在前文中提到，語言本質上是一種抽象的工具，無法直接將我們的想法完整傳達給對方。

既然如此，為什麼我們每天還是能順利地與他人溝通呢？你是否曾感到這樣的現象有些不可思議？

其實，**這是因為我們能夠理解語言背後隱藏的訊息——我們會設身處地體諒對方的心情，或是從片段的資訊中擷取事實，並在腦海中重新建構對方的話語。**

在職場或講述故事等具有某種目的的溝通場合，若能迅速提供對方重新建構訊息的線索，就能有效「減少誤解」。例如在職場上，我們經常被教導「先說結論」；同樣地，只要審慎撰寫電子郵件的主旨，也能大幅提升訊息傳達的清晰度。

反過來說，如果在缺乏提示的情況下，大腦便需要記住所有訊息，而無法分辨哪些是重要的、哪些是不重要的。正如第一章所述，這種資訊處理方式會對大腦造成極大的負擔。

為了避免這種情況，我們應該盡量讓重要資訊更容易辨識，並提供清晰的線索，引導對方將資訊連結起來，進而喚起適當的基模。這正是「先說結論」的用意所在。

然而，在日常生活中，我們並不會總是先說結論。

即便如此，我們還是能夠理解對方的意思。這又是為什麼呢？

「先說結論！」是老生常談，但不代表不能閒聊

我們會透過「讀懂意圖」來理解對方。不論是在職場還是日常生活中，大多數人在進行任何溝通時，都會試圖讀懂周遭人們的「意圖」。

當有人提出新的企劃案時，我們通常會先試著了解這個企劃的目的。對方為什麼會提出這個企劃？意圖是什麼？如果連基本的目標都無法掌握，任何組織或機關都不可能批准這樣的企劃。

同樣地，當上司突然要求你「明天提早一小時上班」時，你肯定會納悶地想：「為什麼？」

如果無法理解對方的意圖，我們就難以判斷自己應該如何應對。

沒錯，**在溝通中，我們總是很在意對方的意圖**。

什麼是讀懂意圖？

在定義上，「讀懂意圖」意味著「理解對方想做什麼、有哪些打算或目的」。這是一種必須站在「對方」立場理解的角度。

換句話說，前文中提到「設身處地思考（並非基於非認知能力或性格，而是基於心智理論和後設認知）」，正是讀懂意圖的必要條件。

此外，由於對方不會直接告訴你內心的想法、盤算或目的，因此還需要具備推測與推理的能力。更重要的是，這些想法、盤算或目的背後的情感，也會影響意圖。

也就是說，讀懂意圖，需要「推測對方是以什麼樣的觀點、基模來解讀某個情境，並進一步理解對方對該情境懷有什麼樣的情感」。可以說，「情感」是讀懂意圖的重要環節。

推測與推理：支撐日常生活的重要能力

說到推測與推理，有些人可能會聯想到名偵探福爾摩斯般擁有高超推理能力的形象。其實，我們在工作與日常生活中，也經常在不知不覺中，運用推測與推理的能力。

例如過馬路時，我們會基於「可能有車」的推測而左右查看，確認安全無虞後才通過。如果缺乏推測與推理的能力，直接貿然穿越馬路，後果可能相當危險。

同樣地，出門前看到天空陰霾，你推測「可能會下雨」，於是將折疊傘放進包包裡。

此外，在更具策略性的情境中，我們也會運用推測與推理的能力。例如規劃下個月的旅行、制定預算、安排專案時程表或列出風險清單等，都需要這類能力。而在涉及防災準備或建築規劃等需要專業知識與技能的領域，我們則會尋求足以勝任的專業人士處理。

讀懂意圖，就是將這種日常生活中經常使用的推理能力，靈活地運用在「人際互動」上。

值得一提的是，「讀懂意圖」不僅是一種重要且實用的能力，還與學業成績息息相關。

擅長讀懂意圖的人，也能在考試中掌握出題者的意圖，理解到「出題者想問什麼」，因而提升答題正確率，並有效加快答題速度。

專欄

揣摩上意＝解讀對方的意圖？

近年來，因過度揣摩上意而引發的新聞事件層出不窮。例如，某些組織在發生假帳問題時，因為員工揣摩上意而未提交正確的財務報告，導致問題延遲被發現，甚至使事態變得更加嚴重。

然而，正如前文所述，即使在看似理性運作的商業世界，人們的情感仍是核心。

日文中的「揣摩上意」（忖度）在辭典中的定義是「推測他人的心思，並給予關照」。關照他人、理解對方的心情，一般來說是正向的行動，在工作中也能促進良好的判斷力。這一點，也是本書反覆強調的重要觀念。

那麼，為什麼這種看似正面的行為，卻可能引發問題呢？問題的根源在於，**當揣摩上意的目的被扭曲，就容易造成錯誤的結果**。

本書以溝通為核心，探討工作中所需的認知能力。溝通順暢與否，仰賴各種認知系統的支持。

然而，「讓溝通更順暢」或「讀懂對方的意圖」，並不是工作的目的。更精確地說，那是我們為了實現工作上的重要目標，所運用的能力。

在工作與人際互動中，若過度揣摩上意，往往可能導致本末倒置的後果。前文中提到的例子——「因為揣摩上意而未提交正確的財務報告」——便是一個典型案例。**這種行為將對他人情緒的迎合置於工作成果之上，正是問題的核心所在。**

同樣地，我們看待問題的最佳解方，未必總是與上司的想法一致。在職場上，如果根據證據判斷「採取其他方法比上司的想法更好」，那麼，即使理解了對方的立場與情緒，也應該果斷選擇更優秀的解決方案，而非一味順從。

歷史上，奈良時代的和氣清麻呂（西元七三三～七九九年）便是一個鮮明的例子。

他在侍奉稱德天皇期間，面對天皇寵愛的僧侶道鏡覬覦皇位事件，就做出了這樣的選擇。當時，稱德天皇疼愛道鏡，甚至希望他能即位為天皇。清麻呂接受了天皇的旨意，前往宇佐八幡宮請示神諭。然而，他並未揣摩天皇與道鏡的心意，而是忠實地稟告神諭：「不可立道鏡為天皇」。這番舉動雖讓清麻呂一度遭到流放，但隨著道鏡失勢，他重返中央，成為桓武天皇倚重的大臣。這段歷史被稱為「道鏡事件」或「宇佐八幡宮神託事件」。

這個故事告訴我們，當對方的行為違反法律或試圖破壞社會規範時，若選擇揣摩上意，不僅可能造成社會損失，嚴重時甚至可能自陷法律責任之中。畢竟，下達指令的人並非最終承擔責任的人，真正需要負責的是執行指令的你。因此，從這樣的角度來看新聞時事，我們會發現社會上何以存在這麼多因過度揣摩上意所引發的事件，以及因此陷入罪責的人們。

揣摩上意的現象並非日本獨有。然而，在一個「察言觀色、揣摩上意被視為理所當然」的社會中，過度追求迎合他人，有時反倒會導致個人利益受損。

第四章

克服「你的訊息未傳送」、「已讀亂回」的溝通方式

什麼才是「良好的溝通」？

每當我在思考「什麼是良好的溝通」時，腦海中總會浮現一個特別的組織——國際認知科學學會（Cognitive Science Society，簡稱CSS）。作為該學會理事會的一員，我曾多次參與理事會的會議。

這些會議匯聚了來自全球、經由選舉產生的認知科學研究者。我們在會議中廣泛討論各種議題，從下一屆學術研討會的舉辦地點、學會未來的營運策略，以至於如何支持年輕研究者及尚未普及研究地區的研究人員，以及如何防止學術霸凌和性騷擾等。

會議中展現了良好溝通的典範，具體而言包括以下幾點：

- 成員踴躍表達自己的意見。
- 成員能彼此互相傾聽。
- 決策並非取決於聲音大或態度強勢的一方。
- 成員以正面的態度看待不同意見，對好的想法予以肯定，同時也指出不足之處。
- 不盲目附和他人的觀點。
- 不會發生爭執或衝突。
- 以建設性的方式達成共識。

或許是因為與會成員都是透過選舉選出的優秀研究者，他們原本就關心社會貢獻，也深諳多元化的重要性，因此討論往往進行得非常順利，令我心生佩服。

能夠立刻聯想到一個良好溝通的具體例子，固然令人欣慰，但也讓我意識到，除了我所描述的這些會議之外，在其他場合中，良好溝通並非總是那麼容易實現。

此外，我認為這種令人感到舒適的溝通方式，並沒有固定的標準作業流程可依循。唯有每個人都能理解並尊重書中所介紹的人類認知能力特性，才能真正實現「良好的溝通」。

為了撰寫本書，我特地採訪了幾位我心目中的「溝通高手」。書中介紹的大部分商務案例，都來自他們的親身經歷。

雖然本書的理想目標，是希望讀者能像這些溝通高手一樣，在職場與生活中與他人建立良好的互動，但這並非僅靠學習「某種情況下該如何回應」這類技巧就能達成。

由於每個人的基模不同，所面對的情境也天差地遠，因此無法一概而論。

同樣地，模仿那些世界級企業領袖的說話方式，或學習暢銷商業書籍中「討人喜歡的說話技巧」，效果其實也相當有限。

這就像試圖模仿大谷翔平等大聯盟頂尖打者的揮棒姿勢，也未必能擊出好球，反而可能因為施力不當而造成運動傷害。

雖然這樣的結論令人遺憾，但**單純模仿外在形式，並不能保證成功**。

超越模仿的學習法

然而，這並不表示我們無須去了解這些「溝通高手」的行為。

事實上，透過觀察他們如何看待溝通、留意哪些細節，以及如何靈活應對不同情境，我們才能逐步提升自己的溝通能力與技巧。

本章將整理並分享我所觀察到「溝通高手」的共同特質與溝通態度。

專欄 促進組織與社會發展的「資金籌措與運用」

雖然有點離題，但我想分享一段個人經驗。在擔任國際認知科學學會（CSS）理事會成員期間，我對學會資金運用的方式深感敬佩。

CSS屬於學術團體，而非營利組織，資金運用由理事會決定。但它透過提供獎學金等補助，讓經濟上需要支持的研究者也能參加學術研討會。

CSS的主要營運資金來自於參加者的註冊費和企業贊助，但是，認知科學屬於基礎科學，與產業的直接關聯性不高，因此企業贊助並不充裕。此外，為了鼓勵學生及經濟狀況不佳地區的研究者參與，CSS的註冊費相較於其他學會低廉許多。

然而，隨著學術研討會的場地費和設備費不斷上漲，近年來（尤其是新冠疫情爆發後），CSS的註冊費收入已不足以支付這些費用。

在這樣的情況下，CSS靈活地運用過去累積的收入進行穩健投資，並將投資收益用於必要支出。這種策略讓CSS每年仍可維持盈餘，確保穩定運作。

理事會成員一致認為，由於CSS不需過度儲蓄，因此應該將資金積極用於支持會員。為了避免資金枯竭，CSS會妥善進行投資以維持平衡。負責相關業務的理事在投資公司的協助下，努力創造所需資金。

當然，CSS也相當清楚投資的風險。畢竟，**如何應對風險、人們在面對風險時會產生哪些偏見、容易犯下哪些錯誤等，都是認知科學研究的重要課題**。在了解各種風險的前提下，承擔必要的風險，積極創造資金以支持會員。在CSS中，從來不曾見到賭博性質的投資決策。

認知科學是一種致力於探究人類心理機制的基礎研究，然而，一流的認知科學家團隊如CSS，不僅在學術上表現卓越，也能從經濟層面做出符合倫理、造福社會的決策。

我對於CSS的資金運用能力深感驚嘆，也為自己能加入這個卓越的團隊感到無比自豪。

「溝通高手」的特質①
高手會記取失敗而成長

我發現這次採訪的溝通高手，他們對自己過去犯下的錯誤記憶猶新。他們清楚記得曾經對誰犯了什麼錯、哪些地方表現不佳、為什麼溝通會失敗，以及他們如何從中學習並改變。

當然，這些受訪者不僅僅與我分享了「失敗經驗與從中得到的啟示」，更主動提供大量案例、深入的反思，並展示出他們獨特的溝通方式。

我們應該學習的第一件事，正是他們這種「反省」的態度。

如同前文所反覆提到，正確掌握、理解、記憶並傳達訊息。這些我們習以為常的事情，其實都仰賴著強大的認知能力。

然而，在理解的過程中，難免會發生「誤解」、「遺忘」、「沒聽清楚」、「弄錯」或「忽略」等溝通失誤。

尤其是近年來，隨著科技進步，我們同時處理的事情愈來愈多，認知能力也面臨著巨大的負荷。在這種情況下，更容易出錯。

許多工作需要仰賴多人協作，並要求高度的認知能力才能完成。然而，即使我們個人沒有犯錯，但參與人數增加，訊息就可能在傳遞過程中出現偏差，最終導致失敗。

既然錯誤與失敗無可避免，那麼，溝通高手所思考的重點在於：如何盡可能降低錯誤與失敗帶來的影響。他們善於從失敗中汲取教訓，不斷改進自己的做法。正是這種持續反思與改進的態度，使得他們在溝通方面展現出卓越的能力。

不承認失敗或犯錯，真的是因為「個性」嗎？

在許多商業書籍與勵志書籍中，失敗常被視為一種寶貴的學習機會。對此，我完全贊同。然而，真正的重點其實在於失敗後的行動。關鍵在於，你是否能夠深入分析失敗的原因。畢竟，重要的並非失敗本身，而是「對失敗的分析」。

缺乏分析能力的人，往往只會因失敗感到沮喪，甚至一再重蹈覆轍。如果沒有進行分析，失敗便毫無意義可言。

在完成分析之後，接下來就必須進行修正。**所謂「失敗、分析、修正」三者缺一不可，唯有完整實踐這個過程，我們才能真正將失敗視為成長的契機。**

此外，能夠覺察並承認自己的失敗，同樣需要具備一定的認知能力。許多人對於那些「無法承認失敗」的人，往往貼上「頑固」或「心胸狹窄」等負面標籤。然而，這樣的現象**未必僅僅是性格使然**。

我曾在書中第一八三頁提到「後設認知」的概念，並闡述了「系統二思考」的重要性。「系統一思考」是直覺且快速的反應，而「系統二思考」則是需要反思與深思熟慮的過程。我認為，那些無法正視或承認失敗的人，其性格形成的背景，很可能與「系統二思考」能力不足有關。

人們往往難以察覺自身的偏見

事實上，人們往往難以察覺自身的偏見。這點在現實生活中比比皆是。一位任職於日本企業、負責北美業務的業務員G，就分享了一段他的親身經歷。

G為公司的服務製作了一份簡介，並帶著這份簡介出席一場會議。然而，當美國企業的行銷總監J看到這份簡介時，僅僅瞄了一眼便果斷表示：「這不行。」

J的反應迅速且直接，他甚至沒有細看內容便下了結論。由此可見，問題並非出在服務本身或資訊不足上。那麼，問題究竟出在哪裡呢？

大家不妨稍微停下來思考，你認為這樣的情況可能反映了什麼問題？

G思考了一會兒，仍舊無法理解問題的癥結所在，於是向J請教。結果，J指出了簡介中插圖所隱含的性別與職務偏見：分析師、研究員、業務等高薪職位的角色皆為男性，只有總機被描繪為女性。

由此可見，製作這份簡介的G，以及批准這份簡介的G公司內部，可能存在

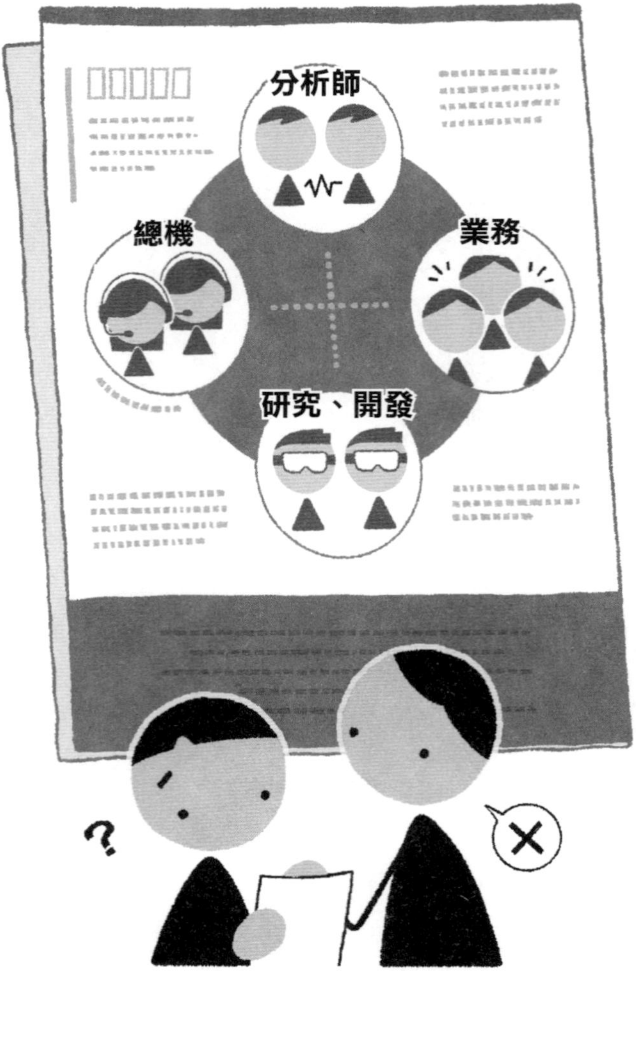

以上的簡介呈現出怎樣的「偏見」？

「主管職位是男性，輔助職位是女性」的潛意識偏見。G坦承，直到J提醒，他才意識到自己無意間帶有這樣的偏見。

需要強調的是，這個例子並非用來說明「日本人缺乏性別意識」。事實上，美國也曾發生過類似的情況。某交響樂團在甄選成員時，為了避免性別或其他主觀印象影響評選結果，在評審與應試者之間設置了屏障，遮蔽視覺資訊。結果顯示，女性的錄取率因此提高五〇％。這表明，即使在美國，人們對性別仍存在潛在的偏見。

事實上，我們每個人或多或少都帶有某些偏見，只是過去從未察覺。在這樣的情況下，我們所做出的決定，也在無形中塑造了我們的「性格」。正因如此，商務高手通常具備優秀的後設認知能力，能夠敏銳地察覺自身行為中的盲點與偏見，進而透過不斷反思與學習，使自己從經驗中成長。

有效的反省需要後設認知

順帶一提，有效的反思也需要後設認知能力。舉例來說，孩子在計算數學題目時，如果演算過程中出現錯誤，要能夠發現自己錯在何處，首先需要具備意識到「這是錯的」的能力。而題目難度愈高，愈需要更高階的數學能力來支撐這種認知。

這次接受我採訪的對象中，多數人都坦言：

「我一直在反省，但根本稱不上是高手。」

然而，真正的高手會在他們的思維層次上進行深度反思，並不斷追求精進，讓自己的溝通能力更上一層樓。既然如此，對於尚未達到同等境界的我們，更應該積極反思自己的溝通方式，仔細思考哪些地方可以改進，從而持續成長。

「溝通高手」的特質②
不厭其煩地說明

前面提到的許多例子，都與認知框架「基模」的差異息息相關。

當我們意識到自己與對方是透過不同基模的濾鏡來看待事物，但仍希望進行有效溝通時，後續的處理方式大致可以分為兩種：一種是試圖使濾鏡一致，另一種則是**即使濾鏡不同，也能讓對方理解**。

若能做到「使濾鏡一致」，溝通上的所有問題自然迎刃而解。然而，遺憾的是，基模的特性決定了這幾乎不可能實現，相信各位讀者也深有體會。

因此，我們能採取的方式是後者，**即使濾鏡不同，也要努力讓對方理解。而**

要達成這一點的前提，就是接受彼此的濾鏡差異。

舉例來說，某個部門來了兩位新員工。一位只需稍加指導便能迅速上手，另一位則需要實際示範才能理解。即使他們在其他方面也表現出類似的差異，我們仍不能武斷地認定前者「能力較強」，後者「能力較弱」。

在貼標籤之前，我們應該注意每個人所擁有的「既有知識」和「默契」。新進員工的既有知識和默契，往往深受其成長背景影響。如果我們無法認同這些個別差異，就等於否定了那些與自己濾鏡不同的人。

最近我聽到一個故事。一家中型企業的業務部長，提醒了一位穿著稍顯「清涼」的新進女員工：「妳要穿這樣去拜訪○○公司嗎？（言下之意是：○○公司是一家作風保守的企業，妳應該穿得正式一些。）」

沒想到，那位女員工回應道：「我不怕冷，沒問題！」這番回答讓業務部長當場啞口無言。或許，這家公司業務部的成員大多擁有相似的基模，因此，部長才會對新人的服裝風格與既定認知中的差異感到驚訝。

打破「默契」

默契，顧名思義，就是不需要明說。正因為沒有明說，才稱之為「默契」。然而，對於剛踏入這個領域的人來說，這種未明言的態度往往學習難度極高。而在日本企業中，這種情況或許早已司空見慣。

人們常將這種基模的差異，歸因於「經驗的多寡」或「是否懂得察言觀色」，並以此來區分優劣，甚至批評為「代溝」。但如果我們停留在這種看法，就永遠無法真正解決「溝通問題」。

我們應該認識到，每個人都戴著不同的濾鏡，也就是基模（通常是潛意識的），而溝通只能建立在這樣的基礎上。

溝通是雙向的，因此理想的情況是，雙方都能理解並接受「人與人之間本來就無法完全理解彼此」的事實。然而，要讓所有人都具備這樣的認知，比登天還難。

尤其當對方是孩童時，成年人可能會不自覺地陷入「這孩子怎麼老說些奇怪的話？」的不耐情緒。因此，我認為，年長者或居上位者更需要抱持這樣的認知，才能促進真正有效的溝通。

知識應該如何共享？

如果我們能以「人與人之間本來就無法完全理解」為前提，溝通的方式自然會有所改變。比較日系企業與外商企業的做法，就能看出與不同背景人士溝通的訣竅。

我曾聽一位在日本土生土長，後來赴美取得研究所學位，初期任職於美商工廠的朋友分享他的經驗。他提到，那家美商公司將各種工作內容完整地編寫成一份手冊，而且內容鉅細靡遺。

舉例來說，確認作業步驟是否正確的手冊寫得非常詳細：

・確認A－1儀表的刻度是否指向1.5～3.0之間。

↓

・確認A－2的拉桿是否處於「停止」的位置。

↓

……

就像這樣，所有步驟都被拆解成細節，並以文字逐一記錄下來。後來，他跳槽到同領域的一家日系企業，卻發現所有步驟被簡化成一句話：

・確認A設備是否正常運作？

這讓他感到非常驚訝。

他說：「按日本企業的做法，雖然製作手冊時相對簡單，但實際操作卻難以依照手冊進行。」

反觀他最初任職的美商公司，幾乎將所有業務事項都轉化為語言和文字。他們之所以這麼做，是因為他們以「人與人之間本來就不同」為前提。每個人的既有知識和背景不盡相同，也不存在所謂的默契，這正是他們的出發點。

現代社會日益複雜，如果不能以「你我的基模不同」為前提，就無法順利解決問題。不承認基模的差異，可能會導致我們排斥那些「與自己基模差異很大的人」。

「溝通高手」的特質③
不企圖控制對方

我之前多次提到「溝通高手」這個名詞。或許有人認為，這指的是「能夠隨心所欲地操控他人，讓對方按照自己的想法行動的人」。

事實上，我也常聽到有人熱衷於學習「如何操控對方」、「如何說服對方」、「如何激勵對方」這類控制他人的技巧。

有些人可能甚至以為，只要能夠實現「說了就懂」的溝通目的，就能培養出我說一，對方就能做到十的理想下屬。

然而，「讓對方理解，並按照自己想法行動」的目標，其實與本書所闡述的溝通核心理念並不相符。

舉例來說，當你對孩子說：「寫完這本練習簿，就可以玩電動。」孩子或許會勉強坐在書桌前一小時，但這樣的互動並沒有真正建立起親子之間深入的溝通。在職場上，透過威脅或利誘，或許能暫時操控對方的行為；當意見衝突時，對方也可能顧忌你的手段而短暫妥協。

然而，這種溝通方式絕對無法持久。雖然不能完全否認，偶爾可能透過這樣的方式讓孩子發現學習的樂趣、讓同事變得更有幹勁，甚至改變對方的觀點進而達成共識。但這僅是少數的幸運例外。

只要任何一方抱持著「要讓對方按照我的想法行動」的心態，就無法建立真正有效的溝通。真正的溝通高手絕不會試圖控制對方，這一點至關重要。

不操控也能打動人心的訣竅①：建立良好關係

擅長溝通的高手會怎麼做呢？我曾經請教一家大企業中帶領數十名下屬的T部長，他提出了兩個溝通的關鍵：「與對方建立良好的關係」，以及「像教練般，關注並引導對方成長」。

首先是「與對方建立良好的關係」。

溝通的基礎在於彼此之間的信任，而T部長的方法是「主動揭露自己」。例如，他會在日常對話中加入一些輕鬆的話題，比如「我家的貓咪最近……」，藉此引發部屬分享自己與寵物之間的趣事。透過這樣的互動，逐步營造出「無話不談」的氛圍。特別是對於新進員工而言，他們往往難以主動分享自己的生活點滴，因此營造部門內的輕鬆氛圍，就成為上司的重要責任。

近年來，職場上的聚餐日漸減少，上司與下屬之間可能對彼此的私生活並不了解。因此，主動開啟工作以外的話題，便成了上司不可忽視的一項職責。如果能夠建立起良好的關係，即使因工作上的失誤而出現責備等尷尬局面，也能透過其他話題來緩和氣氛。換句話說，除了工作上的評價之外，還能維繫人與人之間的情誼。

不論在工作上合作得多麼緊密，如果平時只談論公事，便難以建立起真正的信任關係。唯有用心經營，才能在不控制對方的前提下，促進彼此間自然且良好的互動。

為什麼「工作與私生活難以切割」？

稍微岔開話題，T部長提到，上司主動自我揭露的另一個好處是：「能夠了解下屬的私人生活」。

許多人認為工作就是工作，私人生活就是私人生活，兩者應該分開看待；可能也有人覺得「不想讓工作上的夥伴知道自己的私事」。

然而，若下屬有年幼的孩子，或者需要兼顧照護家人的責任，就可能會遇到需緊急處理的突發狀況。又比如在學校放假的七、八月期間，或許更適合以居家辦公為主。正因每個人的情況不同，T部長會試著從季節性的話題切入，例如：「你家小朋友放暑假了嗎？一定很辛苦吧？」

如果對方有意願聊下去，就可以順勢深入話題；若對方不想多談，也可能簡單回應一句「是啊，很辛苦」帶過。透過這樣的互動累積，慢慢找到對方感興趣的話題。如果能在過程中進一步了解對方重視什麼、有哪些困擾，那就更理想了。

下屬雖然是公司員工，但別忘了，他們同時也是有生活、有情感的人。離開工作場合後，不妨聊些不同的輕鬆話題。在對方私人生活較辛勞時，也可以適度調整工作量。建立這樣的關係，有助於營造心理安全感，並進一步打造出員工願意彼此主動協助的工作環境。

不操控也能打動人心的訣竅②：關注對方的成長

每個人或多或少都有「想要成長」的渴望。即使未曾明確意識到，像是追求更有成就感的工作，或是為了達成目標、邁向下一步等行動，其實都反映了這種渴望。T部長表示，在打動人心的過程中，貼近這種「想要成長」的渴望至關重要。

例如，可以指派對方具有挑戰性的任務，並在過程中持續關注、觀察對方的變化，並適時將這些變化回饋給對方。**關鍵在於，思考對方渴望在哪些方面成長、重視哪些面向**。只要能顧及這些需求，即使說的是相同的話、分配的是相同的任務，對方所感受到的用心程度和投入的熱情也會截然不同。

此外，從部門差異的角度來理解「彼此的關注點」，也能促進更順暢的溝通。舉例來說，當業務團隊與技術團隊合作時，技術人員可能會著重闡述新產品的技術優勢；然而，業務團隊更關心的可能是新產品如何提升使用者體驗。如果雙方未能意識到彼此的需求差異，溝通便容易出現問題。技術人員可能會覺得自己費盡心思解釋卻像對牛彈琴，業務團隊則可能認為技術人員抓不到重點，執著於與業績無關的細節。

因此，鼓勵技術團隊設身處地思考業務團隊的需求，同時也讓業務團隊理解技術團隊的目標，才能找到共識，攜手合作，達成更遠大的目標。

工作能力強的人，往往懂得事先預測對方的反應，並據此調整溝通策略。他們會思考：「如果我這樣說，對方可能會有什麼反應？我該如何應對？」換句話說，他們在提出建議之前，就已經將對方的反應納入考量。俗話說：「做事八分靠事前規劃。」而在規劃中，「對方」無疑是不可或缺的因素。

「溝通高手」的特質④
隨時保持傾聽

溝通高手的第四個特點是「擅長傾聽」。近年來，傾聽已成為一項重要的職場技能，因此許多人都強調「首先要好好傾聽對方說話」。

然而，即使明白傾聽的重要性，許多人仍會在面對「令人不快的消息」或「對自己不利的消息」時，難以做到真正的傾聽。

我們內心深處或多或少都存在著「如果可以，只想聽到好消息」的想法。但現實往往事與願違。尤其當你身居主管職位，可能會覺得一整天聽下來多數都是壞消息。事實上，其中必然也有不少好消息，但我們常會因為心理偏差，「感覺似乎只有壞消息」。

這時，許多人會不自覺地流露出「不想聽」的態度。

反過來說，若站在「報告壞消息」一方的角度來思考，人們本能上就不願意報告壞消息。但即便如此，他們還是得硬著頭皮向上司報告。如果這時上司表現出「不想聽」的態度，那麼報告者自然會希望趕快結束話題，草草了事。

這種情緒上的互動，往往會反映在雙方的態度上，導致原本應該共享的重要資訊無法充分傳達，甚至淪為形式化的報告。這也可能會引發日後的爭執，例如「我當時報告過」與「不，我沒聽說過」等對立的開端。

此外，日本企業層出不窮的纂改、造假等醜聞，其背後原因或許也與主管無意間散發出的這種態度有關。

為了避免發生類似情況，我們需要隨時保持傾聽，特別是在面對壞消息時，更應展現接納與冷靜的姿態。唯有如此，才能真正促進資訊的有效傳遞，並建立更健康的溝通環境。

以正向回饋防範突如其來的變故

「隨時保持傾聽」看似簡單，但身為主管，聽到不利的消息時難免會感到不悅，這是人之常情。正如先前所提到，人的思考、行動與情緒密不可分，因此在接收到不想聽的消息時，難免會不自覺地皺起眉頭，這樣的反應並不罕見。

然而，主管的瞬間反應卻可能對下屬產生深遠影響。例如，「被老師提醒」這件事，可能在記憶中被放大為「被老師大聲斥責」。當內心帶有負面情緒時，對方的細微舉動往往會被負面解讀。而這種帶有負面解讀的記憶，很可能被視為實際發生過的事記在心裡。

特別是在下屬報告失敗消息時，他們通常已經因承受巨大壓力而帶著「負面情緒」。此時，主管更需要謹慎應對。

即便是無意識的表情變化，也可能對下屬造成負面影響。因此，主管應該抱持著「**愈是聽到不愉快的報告，愈要稱讚和感謝對方**」的心態。例如：

「幸好你及早通報，讓我們得以防患未然，否則後果不堪設想。」

「多虧你的報告，我們才能挽回局面，真的很感謝你。」

持續給予下屬正向回饋，讓他們明白「及早彙報（尤其是負面消息）」不僅不會受到責備，還能獲得讚揚。如此一來，就能在團隊中建立起「誠實回報失敗可被接受甚至獲得肯定」的共識，進而形成正向循環。

當報告失誤的門檻降低，下屬即使犯了小錯也會願意主動回報。如此一來，主管便能在問題惡化前掌握狀況。如果能創造出這樣的良性循環，團隊管理將變得更加輕鬆且高效。

終章——溝通讓你成為真正的職場高手

職場高手的溝通力

前陣子，我為新書《語言、身體、學習：「習得」究竟是什麼？》（ことば、身体、学び「できるようになる」とはどういうことか，扶桑社新書）舉辦了一場發表會，並邀請共同作者——同時也是日本四百公尺跨欄紀錄保持人為末大選手——進行一場對談。在問答環節中，當話題談到「技能再造」（reskilling）時，為末大選手提出一個耐人尋味的觀點：**基礎（fundamental）比技能更重要**。

為末大選手的說法大致如下：在田徑比賽中，許多項目都以「速度」作為決勝的關鍵，例如一百公尺、一千五百公尺等。因此，選手會不斷嘗試如何跑得更快，探索適合自己的跑步方式，並追求理想的跑步風格。

然而，速度並非田徑比賽的專屬需求，許多運動項目如棒球、籃球、足球、橄欖球等，也都高度依賴速度作為競技優勢。

從這個角度來看，跑步可以被視為一種「基礎能力」。只要基礎扎實，無論身處何種時代，都能夠從容應對。

那麼，**職場和商業領域中的「基礎能力」又是什麼呢？**

經過思考，我認為**本書的主題「溝通」正是其中一項重要的基礎能力**。不僅是以溝通為核心工作的職位，例如業務或客服，任何需要與人互動的職位，都離不開「良好的溝通能力」。

當我們面臨能力不足、觀點偏差或困境時，若具備良好的溝通能力，就能透過建設性且正向的討論，找出最佳解決方案。

即使意見相左，也能避免關係惡化，或是陷入互相指責的泥沼，讓事情得以順利推進。**可以說，缺乏良好的溝通能力，就難以成為一名成熟的商務人士。由此可知，溝通是職場上不可或缺的重要基礎。**

此外，雖然本書以溝通為主要議題，但相信許多讀者並非單純為了「進行良好的溝通」而閱讀本書。舉例來說，有些人希望透過提升溝通能力來順利推動工作、成功執行專案、提高業績或增強團隊凝聚力。對這些讀者而言，溝通是一種實現目標的手段。

那麼，我們該如何跨越「訊息傳不出去」、「雞同鴨講」的障礙，透過良好的溝通成為一名獨當一面的商務人士呢？

在本書的最後，我們將共同探討，除了溝通之外，要成為職場高手還需要具備哪些關鍵條件。

職場高手需要「敏銳的直覺」

在職場上，我們經常面臨判斷與決策的挑戰。能夠做出明智而優秀的決策，是成為一名獨當一面的商務人士必備的能力。然而，我們究竟是如何做出決定？

大家看過《薩利機長：哈德遜奇蹟》這部電影嗎？電影改編自二〇〇九年一月發生的一起真實航空事故，由好萊塢名演員湯姆．漢克（Tom Hanks）飾演機長薩倫伯格。

飛機起飛不久，因遭鳥群撞擊，導致兩側引擎完全失效。面對危急情況，機長當機立斷，將飛機迫降於紐約的哈德遜河上。最終，機上所有乘客與機組人員均安全獲救，這一事件也成為歷史上的傳奇時刻。

當事故發生時，薩倫伯格機長捨棄了「緊急降落於起飛地拉瓜地亞機場（LGA），或是鄰近的泰特伯勒機場（TEB）」等常規選項，而是依靠直覺，選擇將飛機迫降於哈德遜河。據悉，從飛機遭撞擊到成功迫降，整個過程僅持續兩百零八秒。

事後，事故調查委員會的專家對其迫降河面的決定提出質疑。根據電腦模擬結果，飛機當時理論上應有機會緊急降落機場，如此一來便無需冒險在寒冬的河面上迫降。

然而，薩倫伯格機長回應指出，這些模擬忽略了人類在面臨緊急突發狀況時，必須花時間掌握情況、掙扎與判斷的過程。實際上，在模擬測試中加入「三十五秒」的反應時間後，結果顯示，即便嘗試緊急降落，飛機最終仍可能墜毀於市區或森林。

薩倫伯格機長曾是空軍資深飛行員，駕駛過F－4幽靈II戰鬥機，後來又在民航業擔任多年飛行員，是一位經驗豐富的頂尖專家。在此番前所未見、無法預測的極端危機下，他憑藉直覺拯救了百餘名乘客與機組人員的生命，締造這場「奇蹟」。這一切的關鍵，不是依賴大量數據模擬，而是源於機長的「直覺」。

如同薩倫伯格機長憑藉直覺挽救眾多生命，**各領域中的頂尖人物——所謂的高手——往往也擁有卓越的直覺。**

敏銳的直覺是在職場上呼風喚雨的必要條件

這種卓越的直覺，在商業領域中扮演著至關重要的角色。

當你快速瀏覽一疊厚厚的資料時，是否曾直覺地感到「這個數字最好再確認一下」？人類無法在有限的時間內，逐項檢查大量文件細節，經驗豐富的「能人」之所以能迅速察覺「這份內容似乎有問題」，或者「這個數字需要再次確認」，正是因為他們透過日積月累的工作經驗，培養出敏銳的直覺。

同樣地，在溝通過程中，當出現誤解時，能夠直覺地判斷「儘管如此，這個人應該不會說出這樣的話」或「他之所以這麼說，背後應該有某種用意」，也是因為透過與對方長期的互動，逐步磨練出自己的直覺。

磨練你的直覺

薩倫伯格機長在面對史無前例的飛機事故時，成功拯救了全機乘客和機組人員，被譽為「創造哈德遜奇蹟的英雄」，並因此受邀參加歐巴馬總統的就職典禮。

現在，讓我們再次回顧書中第一八三頁提到的兩種思考模式：「系統一」與「系統二」。系統一是一種不精確但快速且有效率的思考模式；系統二則需要運用後設認知，花時間進行深思熟慮。薩倫伯格機長在緊急情況下的直覺判斷，顯然不屬於系統二。畢竟在沒有足夠時間仔細思考的情況下，他依然做出了正確的決策。

在體育賽事中，我們經常看到類似的情況。例如，足球選手在接到球的瞬間，幾乎沒有時間思考該將球傳給誰；在商業領域，也常會遇到需要快速做出關鍵決策的時刻。在這些「時間緊迫」的情境中，能夠憑直覺做出良好判斷，正是高手的重要特質。那麼，這種直覺究竟從何而來？又該如何磨練？

據說，薩倫伯格機長曾表示：「這不是奇蹟，而是我長期以來為了應對緊急情況所進行訓練的成果。」這句話並非僅是謙虛之詞，而是極為精闢的自我剖析。這也與佛羅里達州立大學艾瑞克森教授（Anders Ericsson）及認知科學領域的大量研究成果完全契合。艾瑞克森教授是研究「高手直覺」的先驅之一。

薩倫伯格機長之所以能在分秒必爭的緊急時刻，憑直覺做出正確判斷，正是因為過去累積了大量針對各種風險情境的模擬訓練，並將這些經驗深深內化於心的成果。

直覺並非憑空而來

二〇二四年一月，羽田機場發生了一起嚴重的飛航事故。海上保安廳的一架飛機不幸墜毀，機上五名人員罹難，令人深感痛心。然而，日航客機上的三百七十九名乘客與機組人員卻在短短十八分鐘內成功撤離起火燃燒的飛機，創下奇蹟，並獲得全球讚譽。

這場被譽為「羽田機場奇蹟」的事件，歸功於機長、空服員等機組人員平日反覆進行的訓練，以及在訓練中所培養出的敏銳直覺與冷靜應變能力。

從這些事例中，我們可以深刻體會到，**「直覺」並非天賦使然，也不是天上掉下來的禮物，而是經由長期努力與不懈訓練所累積而成**。在養成敏銳直覺的過程中，必然經歷一段漫長而迷茫的時光，不斷嘗試各種可能性。無論身處哪個領域，若要達到融會貫通的境界，都需要投入大量的時間與心力。

窮盡直覺所企及的境界

磨練敏銳的直覺並非易事。艾瑞克森教授指出，關鍵在於長期進行「刻意練習」（deliberate practice）。事實上，人類的預設思考模式是系統一，也就是以直覺為主的思考方式。然而，若未經訓練，直覺的準確性往往不足，容易淪為「主觀臆測」。

所謂「刻意練習」，意指透過後設認知自我反思，分析問題所在，並思考解決方法與提升能力的訓練方式。這種練習正是對系統二的鍛鍊。研究顯示，達到專業水準的訓練時間基準約為一萬小時。長期進行系統二的專注訓練後，知識便能內化，從而使頭腦與身體協調運作，達到不假思索卻精準無比的境界。這便是**「高手直覺」**的真相。

換句話說，系統一最初是一種「快速但不精確」的思考模式，而透過長期對系統二的訓練，**可以將其轉化為「快速且精確」的思考方式，進而做出最佳判斷。這正是成為高手所必須具備的條件**。

在不斷磨練直覺的過程中，極少數人能更進一步，獲得如「綜觀全局」般的感知能力。「全局觀」是一種經驗淬鍊而成的終極認知基模。僅靠專業學習、廣泛涉獵知識或單純俯瞰觀察，都無法真正掌握全局觀。這需要在擴展視野的同時保持聚焦，而在聚焦時又能兼顧擴展。**在某種程度上，這種能力要求個體能夠在「具體」與「抽象」之間靈活切換意識，達到動靜皆宜、收放自如的境界。**

AI會剝奪人類的直覺嗎？

頂尖高手擁有的「優秀直覺」如今正面臨挑戰，而這一切的根源在於生成式AI的出現。我認為，如果使用不當，生成式AI很可能會剝奪人類磨練直覺的機會。

正如前文所述，包括ChatGPT在內的生成式AI，經常提供錯誤答案，卻以看似正確的方式呈現。我在第六八頁提到，其根本原因在於ＡＩ無法真正理解語意（關於這一點，可參考我在《日經商業電子版》中的詳細說明）。

此外，生成式ＡＩ難以有效整合部分答案，進而推導出符合邏輯的結論。即便是邏輯不通或自相矛盾的解釋，也能以流暢且自信的語氣呈現。這恰恰說明了生成式ＡＩ與人類思考方式的本質差異——ＡＩ的世界中沒有語意，也沒有直覺，只在語言符號中漂浮。換言之，儘管生成式ＡＩ看似像人類一樣回答問題，其背後運作過程卻與人類的思考路徑截然不同。

另一方面，我在第一六九頁提到，人類具有「流暢性偏誤」的特性。當對方表達流暢時，即使內容空泛甚至錯誤，我們仍可能傾向相信對方。而生成式ＡＩ的特點正是能流暢地組織語言，這可能導致人類做出最危險的錯誤判斷。

不可否認，生成式ＡＩ的確非常便利，若能妥善運用，將大幅提升日常生活的效率與便利性。然而，對於仍處於培養實務知識與直覺階段的人而言，使用生成式ＡＩ必須格外謹慎。正如前述，由於**生成式ＡＩ的回答過程與人類截然不同，單純依賴ＡＩ無法幫助我們習得全局觀、實務知識與直覺**。如果使用者未加留意，使用生成式ＡＩ很可能淪為比網路搜尋更無意義的體驗，只是在語言符號的海洋中漫無目的地漂流。

隨著ＡＩ的快速發展，人類必須致力於培養那些ＡＩ無法取代的能力——這點無庸置疑。而實務知識與直覺正是我們需要重點培養的核心能力。我們絕不能忘記，學習本身就是磨練這些能力的過程。

結語

讀到這裡的各位，想必都渴望成長，並且追求精進。而這份渴望，正是我們在工作中、甚至在生活中持續前行的重要動力。

持續擁有強烈的渴望，本身就是一種重要的能力。「希望明天比今天更好」、「希望下一份工作能超越現在的工作」，懷抱這樣的想法，實際上就是一種無形的才能。

本書以「好好說話就能讓對方理解」、「好好表達就能傳遞心意」為切入點，廣泛探討人類的認知與記憶機制。此外，也深入剖析直覺的運作，並花費不少篇幅闡述失敗的意義。相信各位在閱讀過程中多少能體會到，我們的認知功能在日常生活中是如何運作。

完成這本書後，我再次深刻感受到互相理解的困難。世上存在著如此多的衝突，並非偶然，而是有其根源。

生存在這個世界上，意味著我們不僅要堅守自我的核心價值，也需要試著理解那些擁有不同認知基模的人的立場與觀點，並在相互妥協中共存。我們需要警覺自己和他人可能存在的認知偏誤，不以單一視角看待事物，而是以多元角度進行評估與判斷。同時，我們也應退一步，客觀審視自己所屬群體的價值觀，並有意識地運用後設認知。然而，即便如此，我們的核心價值也不應因此動搖。

這絕不是一條輕鬆的生存之道，甚至可能讓人感到曖昧不明且難以掌握。

此時，不妨設想另一種截然不同的生存方式。

倘若一個人缺乏核心價值，無法包容不同立場，凡事只憑自己的想法判斷，堅信自己所屬群體的價值觀才是唯一正確的，並以此為基礎發表言論。這樣的人或許就存在於你的身邊，或者活躍於輿論空間。

抱持成見的生存方式，其實是一種輕鬆的選擇。

因為它不需要理解對方的意圖，不需要仔細查證資訊，不需要學習更多知識或提升教養，也不需要客觀審視自己。不用反省或批判自我，自然也少了痛苦。只要堅信自己的想法絕對正確，就可以隨心所欲地解讀一切資訊。

沉浸於自我的認知偏誤之中，只待在舒適圈裡，確實稱得上是一種無比輕鬆的生活之道。

然而，沒有選擇這條路的各位，今後將會在不斷探索中度過每一天。即使面對單一問題，你們也會試著從對方的立場出發，思考其信念與背景，學習相關知識，檢視自身偏見，並探究背後的成因……。相信你們會將各種因素納入考量，在苦惱中得出屬於自己的結論。即使面對與自己格格不入的人，也不會輕易地否定「我無法接受」，或冷漠地回應「每個人想法不同」，而是以建設性的態度進行溝通，比如「原來還有這種想法」、「或許也能從這個角度出發」。

這是一個充滿挑戰的時代。

我們需要思考很多事，包括自己的事、家人的事、工作的事、社會的事。在如此忙碌之下，各位願意拿起本書，嘗試了解人類的認知機制，並運用這些知識深入思考，我相信你們面前將展開一條漫長豐富的探索之路。這條路或許不輕鬆，但我衷心期盼各位在這趟旅程滿載而歸，找到屬於自己的答案。

參考文獻、資料

第一章

- 今井睦美『学びとは何か〈探究人〉になるために』，岩波新書，2016/3/19
- 今井睦美『英語独習法』，岩波新書，2020/12/19
- Elizabeth F. Loftus、Katherine Ketcham 共著，嚴島行雄譯，『目擊証言』，岩波書店，2000/3/24
- Loftus, E. F. (1979). The malleability of human memory. *American Scientist,* 67 (3), 312–320.
- "How reliable is your memory?" (TEDGlobal 2013, 2013/6) https://www.ted.com/talks/elizabeth_loftus_how_reliable_is_your_memory?utm_campaign=tedspread&utm_medium=referral&utm_source=tedcomshare

• "How memory plays us: Elizabeth Lofus at TED×OrangeCoast (TED×Talks, 2013/10)
https://youtu.be/FMkZWXDulA4?si=F4ZSCf7LlIPWRZdE
• Steven Sloman、Philip Fernbach 共著，土方奈美譯，『知ってるつもり　無知の科学』，早川文庫，2021/9/2

第二章

• 福井縣立圖書館編著『100万回死んだねこ　覚え違いタイトル集』，講談社，2021/10/20
• 尾身茂『1100日間の葛藤　新型コロナ・パンデミック、専門家たちの記録』，日經ＢＰ，2023/9/22
• Joshua Foer 著，梶浦真美譯，『ごく平凡な記憶力の私が一年で全米記憶力チャンピオンになれた理由』，X-Knowledge，2011/7/29
• 島朗『島研ノート　心の鍛え方』，講談社，2013/3/29
• Elizabeth F.L (1975). Eyewitness testimony: The influence of the wording of a question. *Bulletin of the Psychonomic Society* 1975, Vol. 5 (1), 86-88

第三章

- Daniel Kahneman 著，村井章子譯，『ファスト＆スロー　あなたの意思はどのように決まるか？　上、下』，早川文庫，2014/6/20
- 今井睦美『ことばと思考』，岩波新書，2010/10/21
- 養老孟司『養老孟司特別講義　手入れという思想』，新潮文庫，2013/10/28
- Gerd Gigerenzer 著，小松淳子譯，『なぜ直感のほうが上手くいくのか？　「無意識の知性」が決めている』，インターシフト，2010/6/1
- Robert B. Cialdini 著，社會行動研究會譯，『影響力の武器　なぜ、人は動かされるのか　第三版』，誠信書房，2014/7/10
- Langer, E., Blank, A. & Chanowitz, B. (1978). The mindlessness of ostensibly thoughtful action: The role of "placebic" information in interpersonal interaction. *Journal of Personality and Social Psychology*, 36, 635-642.
- 今井睦美、楠見孝、杉村伸一郎、中石ゆうこ、永田良太、西川一二、渡部倫子共著，『算数文章題が解けない子どもたち　ことば・思考の学力不振』，岩波書店，2022/6/14

・山本博文『天皇125代と日本の歴史』，光文社新書，2017/4/18
・本郷和人監修『東大教授がおしえる　やばい日本史』，DIAMOND社，2018/7/12

終章

・今井睦美、秋田喜美共著『言語の本質　ことばはどう生まれ、進化したか』，中公新書，2023/5/24
・為末大、今井睦美共著『ことば、身体、学び　「できるようになる」とはどういうことか』，扶桑社新書，2023/9/1
・K. Anders Ericsson、Robert Pool 共著，土方奈美譯，『超一流になるのは才能か努力か？』，文藝春秋，2016/7/29
・今井睦美「ChatGPT 活用で増殖する『間違った主張を堂々とする素人』」，日經商業電子版，2023/6/2
・今井睦美「ChatGPT が分数を間違う理由　どうして『100 < 101/100』？」，日經商業電子版，2023/6/14

・今井睦美「算数が苦手な子どもはＡＩと似ている『記号接地問題』とは？」，日經商業電子版，2023/6/29
・今井睦美「『ＡＩを上手に使う人ほど、ＡＩに懐疑的である』のは、なぜか？」，日經商業電子版，2023/7/18
・今井睦美「ＡＩに負けない人の条件『アブダクション推論』の力を鍛えよう」，日經商業電子版，2023/7/19

財經企管 871

為什麼對方總是聽不懂？

認知科學為你揭曉溝通的本質與解決方案

「何回説明しても伝わらない」はなぜ起こるのか？

認知科学が教えるコミュニケーションの本質と解決策

作者 ── 今井睦美
譯者 ── 卓惠娟

副社長兼總編輯 ── 吳佩穎
社文線副總編輯 ── 郭昕詠
責任編輯 ── 周奕君（特約）
插畫 ── スタジオびりやに
校對 ── 陳佩伶
封面及內頁設計 ── 張議文
內頁排版 ── 張靜怡、楊仕堯（特約）

國家圖書館出版品預行編目（CIP）資料

為什麼對方總是聽不懂？：認知科學為你揭曉溝通的本質與解決方案／今井睦美著；卓惠娟譯. -- 第一版. -- 臺北市：遠見天下文化出版股份有限公司, 2025.02
312面；14.8×21公分. --（財經企管；871）
ISBN 978-626-417-161-8（平裝）

1. CST：認知心理學　2. CST：溝通分析

176.3　　114000450

出版者 ── 遠見天下文化出版股份有限公司
創辦人 ── 高希均、王力行
遠見・天下文化　事業群榮譽董事長 ── 高希均
遠見・天下文化　事業群董事長 ── 王力行
天下文化社長 ── 王力行
天下文化總經理 ── 鄧瑋羚
國際事務開發部兼版權中心總監 ── 潘欣
法律顧問 ── 理律法律事務所　陳長文律師
著作權顧問 ── 魏啟翔律師
地址 ── 台北市 104 松江路 93 巷 1 號 2 樓

讀者服務專線 ── (02) 2662-0012 ｜傳真 ── (02) 2662-0007；(02) 2662-0009
電子郵件信箱 ── cwpc@cwgv.com.tw
直接郵撥帳號 ── 1326703-6 號　遠見天下文化出版股份有限公司

製版廠 ── 中原造像股份有限公司
印刷廠 ── 中原造像股份有限公司
裝訂廠 ── 中原造像股份有限公司
登記證 ── 局版台業字第 2517 號
總經銷 ── 大和書報圖書股份有限公司｜電話 ── (02) 8990-2588
出版日期 ── 2025 年 2 月 27 日第一版第 1 次印行

NANKAI SETSUMEI SHITEMO TSUTAWARANAI WA NAZE OKORUNOKA?
NINCHI KAGAKU GA OSHIERU COMMUNICATION NO HONSHITSU TO KAIKETSUSAKU
written by Mutsumi Imai.

定價 ── NT 400 元
ISBN ── 978-626-417-161-8
EISBN ── 978-626-417-155-7（PDF）；978-626-417-156-4（EPUB）
書號 ── BCB871
天下文化官網 ── bookzone.cwgv.com.tw

天下文化

BELIEVE IN READING